AF204597

Georg Büchner

Woyzeck

INTERPRETATION

von WOLFGANG BÜHNEMANN

STARK

Bildnachweis
Umschlagbild: © Barbara Braun/DRAMA
S. 3, 6: bpk
S. 10: Christian Gottfried Heinrich Geißler, 1824
S. 14, 26: Klassik Stiftung Weimar, Goethe- und Schiller-Archiv,
Nachlass Georg Büchner, GSA 10/3,1
S. 20: Sabine Haymann
S. 32: Landesbühne Sachsen-Anhalt, Lutherstadt Eisleben
S. 37: © Ruth Walz
S. 40: ullstein bild – Kujath
S. 42, 55: © Iko Freese/drama-berlin.de
S. 45: © dpa – Bildarchiv
S. 48: Thomas Aurin
S. 71: Sonja Rottweiler
S. 84: © Wilfried Hösl

© 2022 STARK Verlag GmbH, Claudius-Keller-Str. 3c, 81669 München, info@stark-verlag.de
www.stark-verlag.de

Das Werk und alle seine Bestandteile sind urheberrechtlich geschützt. Jede vollständige
oder teilweise Vervielfältigung, Verbreitung und Veröffentlichung bedarf der ausdrücklichen
Genehmigung des Verlages. Dies gilt insbesondere für Vervielfältigungen, Mikroverfilmungen
sowie die Speicherung und Verarbeitung in elektronischen Systemen.

Inhalt

Autor: Wolfgang Bühnemann

Vorwort

Georg Büchners *Woyzeck* ist **eines der ersten sozialen Dramen deutscher Sprache** – entstanden, lange bevor dieser Typus literaturfähig wurde. Zudem ist es eines der gar nicht so zahlreichen Beispiele dafür, dass eine **klassische Schullektüre** zugleich ein **Werk der Weltliteratur** ist.

Die Gründe, es in der Schule zu lesen, sind vielfältig: Das Stück ist kurz, übersichtlich und in der Handlung fasslich, das Thema – Mord aus Eifersucht – zeitlos, das Milieu einfacher Menschen ohne besonderen Wissenshintergrund zugänglich, die Sprache schlicht und alltäglich. Vieles, was sich bei einem klassischen Versdrama erst nach wiederholtem und genauem Lesen dem Verständnis eröffnet, erschließt sich in *Woyzeck* mühelos. Dennoch gibt es auch bei diesem Stück manches zu entdecken, was unter der Handlungsoberfläche liegt, und nicht weniges ist erklärungsbedürftig.

Hier soll die vorliegende Interpretation eine Hilfestellung geben. Der erste Teil bietet Informationen zum Autor, zur Entstehung des Stückes und zum historischen Hintergrund; der zweite eine erklärende Inhaltsübersicht. Das dritte Kapitel enthält eine Charakterisierung der Hauptfiguren und eine Darstellung zentraler Interpretations- und Analyseaspekte. Zum genauen Lesen des Textes soll die Analyse zweier Szenen einladen.

Wer einmal in verschiedene Textausgaben des *Woyzeck* geschaut hat, wird durch die Tatsache irritiert sein, dass die Texte in Szenenanordnung und Wortlaut voneinander abweichen. Das liegt an der spezifischen Quellenlage. Büchner hat sein Werk nicht vollenden können und mehrere handschriftliche Entwürfe hinterlassen. Daher liegt manche Textentscheidung im Ermessen des Herausgebers.

Die vorliegende *Interpretationshilfe* legt die **derzeit zuverlässigste Textfassung** zugrunde, die in der neuesten Ausgabe des Reclam-Verlags seit dem Jahre 2005 greifbar ist (siehe *Literatur-*

hinweise). Der Text folgt der sogenannten Marburger Ausgabe der *Sämtlichen Werke und Schriften* Georg Büchners.

Stellennachweise erfolgen durch Ziffern: Die erste gibt die Seite an, die zweite die Zeile. Sekundärliteratur wird entweder mit Verfassernamen oder mithilfe von Kürzeln zitiert, die in den *Literaturhinweisen* am Ende des Buches erklärt sind.

Der vorliegende Band möchte durch engen Textbezug und präzise Stellenangaben zu einer vertieften Beschäftigung mit dem Text anleiten und zu einem genaueren Verständnis hinführen. Der Weg dahin läuft über die Wahrnehmung der Details.

W. Bühnemann

Wolfgang Bühnemann

Hinweis:
Dieser Band enthält **Lernvideos zur Analyse von Dramentexten** und ein **Online-Glossar zu literarischen Fachbegriffen**. Wenn Sie diese Inhalte über  ein Smartphone oder ein Tablet abrufen wollen, können Sie den nebenstehenden QR-Code mit einem beliebigen QR-Code-Scanner einscannen. Ansonsten finden Sie diese Inhalte auch unter: **https://www.stark-verlag.de/qrcode/24042**

Im Hinblick auf eine eventuelle Begrenzung des Datenvolumens wird empfohlen, dass Sie sich beim Ansehen der Videos im WLAN befinden.

Einführung

Ein Blick auf das **Personenverzeichnis** verrät schon Wichtiges über das Stück. Von den 28 Rollen des *Woyzeck* sind – Statistenrollen nicht mitgerechnet – nur ein Viertel mit Eigennamen versehen. Die anderen 21 sind durch Berufs- oder militärische Rangbezeichnungen (13), durch Geschlechts- oder ethnische Angaben bezeichnet oder kommen nur als „Person" vor (8). Das lässt erwarten, dass **individuelle Figurenzeichnung** nur bei den Figuren vorliegt, die Eigennamen tragen. Die übrigen sind **Typen** zuzurechnen, die in unterschiedlichem Grad der Ausführung für gesellschaftliche Gruppen stehen.

Auffällig ist, dass die mit Namen bezeichneten Figuren durchweg der **subbürgerlichen Schicht** angehören: Sie stehen in der gesellschaftlichen Hierarchie ganz unten, leben am Existenzminimum und in Abhängigkeit von den Funktionsträgern der Gesellschaftsordnung. Doch auch diese gehören nicht zur Oberschicht, sondern sind bestenfalls – wie der Hauptmann und der Doktor – den kleinstädtischen Honoratioren zuzurechnen.

Das sagt einiges über die Beschaffenheit des Stückes: *Woyzeck* ist **kein Drama hohen Stils**, sondern eines **der sozialen Misere**. Helden, die in freier Entscheidung und tragischer Verstrickung schuldig werden und große, menschheitsbewegende Probleme bewegen – wie im klassischen Drama –, kommen nicht vor. Handlungsfeld ist der unspektakuläre, für die großen Lebensfragen scheinbar unergiebige Lebenskreis der „gemeinen Leut" (6. Szene: 17,9). Ist *Woyzeck* somit ein Vorläufer des Naturalismus, für den das Milieu des sozialen Elends erstmals literaturfähig wurde?

Die Naturalisten haben das so gesehen, und im Sinne der klassischen Kunstauffassung müsste man Büchners Stück geradezu als „Umkehr-Tragödie" bezeichnen. Auch hier geht es um eine „große Frage", die aber im negativen Sinne beantwortet wird. Die für das Konzept des klassischen Helden grundlegende Annahme der **menschlichen Willensfreiheit** wird von Büchner **verneint**. Die These: „[D]er Mensch ist frei, in dem Menschen verklärt sich die Individualität zur Freiheit" (8. Szene: 19,15 f.) wird im Stück infrage gestellt. Zumindest für die Titelfigur Woyzeck gilt sie nicht. Dieser ist eingespannt in ein System aus Arbeitsüberlastung und persönlicher Demütigung, das ihm kaum Entscheidungsspielräume lässt, und die einzige Entscheidung, die er trifft, ist verhängnisvoll. Die Einsicht, dass das **Dasein des Einzelnen** in erheblichem Maß **sozial determiniert** ist, wird in *Woyzeck* literarisch ausgeführt.

Woyzeck selbst formuliert diesen Zusammenhang, wenn er erklärt: „Unsereins ist doch einmal unselig in der und der andern Welt" (5. Szene: 16,32 f.) oder: „wir gemeinen Leut, das hat keine Tugend, [...], aber wenn ich ein Herr wär [...], ich wollt schon tugendhaft sein" (17,9 ff.).

Indem Büchner am Beispiel eines Ausgebeuteten und Gedemütigten die Determiniertheit des Menschen durch das soziale Milieu zeigt, thematisiert auch er eine große Menschheitsfrage, wenn auch mit negativem Resultat. Freiheit ist an materielle Voraussetzungen gebunden, die nicht für alle gegeben sind. Aber gerade aus dem Aufweis des Mangels wären Konsequenzen für die Einrichtung der Gesellschaft zu ziehen, die zum Positiven verändert werden müsste.

Biografisch-historischer Hintergrund

1 Büchners Leben

Karl Georg Büchner wurde am **17. 10. 1813** in Goddelau geboren, einem Ort, der etwa 15 Kilometer südwestlich von Darmstadt liegt. Sein Vater war der Amtschirurg Dr. Ernst Büchner, seine Mutter Caroline Büchner eine geborene Reuß. Er war Ältester von sechs Geschwistern. Über die mütterliche Linie gab es verwandtschaftliche Verbindungen ins Elsass, ein Umstand, der für Büchners Lebensweg und politische Entwicklung nicht ohne Bedeutung sein sollte.

Georg Büchner (1813–1837)

Im Jahre 1816 übersiedelte die Familie nach **Darmstadt**, der Residenzstadt des Großherzogtums Hessen-Darmstadt. Dorthin war der Vater versetzt worden. 1821 wurde Büchner zunächst in eine private Erziehungsanstalt gegeben, vier Jahre später wechselte er an das Großherzogliche Gymnasium, das er im März 1831 mit dem Reifezeugnis verließ. Ganz im Sinne seines Vaters nahm er das **Studium der Medizin in Straßburg** auf, wo Verwandte der Mutter lebten. Edouard Reuß, ein Vetter der Mutter, war Dozent für Theologie am Protestantischen Seminar der Straßburger Universität.

Straßburg war mit seinen etwa 50 000 Einwohnern für die damalige Zeit eine Großstadt, die Büchner, der bis dahin in provinziellen Verhältnissen gelebt hatte, einen völlig neuen Erfahrungshorizont bot. Nicht nur der hohe Entwicklungsstand der französischen Chirurgie, sondern auch das von fortschrittlichen – linksliberalen bis frühsozialistischen – Ideen geprägte geistig-politische Klima beeindruckten ihn. Der junge Student fühlte sich vom radikalen Flügel der Neobabouvisten angezogen, die sich auf den Jakobiner François Noël Babeuf (1760–1797) beriefen. Deren Forderungen waren: die Kollektivierung von Grund und Boden, die Abschaffung der Unterschiede zwischen arm und reich, die Beseitigung des „Systems des Egoismus", das *eine* Klasse durch Vermögen und Bildung begünstigte, und die Herstellung eines „Systems der Gleichheit". Die politisch radikale „Société des Amis du Peuble" („Gesellschaft der Freunde des Volkes"), die aus der „Gesellschaft der Menschenrechte" hervorgegangen war, wurde für Büchner nach seiner Rückkehr nach Darmstadt und Gießen Vorbild für die Gründung von ähnlichen politischen Geheimorganisationen. Grundlegend war die Erkenntnis, die auch für *Woyzeck* gilt, dass die entscheidenden gesellschaftlichen Widersprüche nicht politischer, sondern sozialer Natur sind.

Aus Straßburg datiert auch eine persönliche Bindung: Büchner verlobte sich dort im Frühjahr 1832 heimlich mit Wilhelmine Jaeglé, der Tochter seines Vermieters, des Pfarrers Johann Jakob Jaeglé.

Nach Ablauf des Sommersemesters 1833 kehrte Büchner nach **Darmstadt** zurück. Die großherzogliche Studienordnung erlaubte Landeskindern nur vier Semester Auslandsstudium, die übrigen Semester mussten an der Landesuniversität **Gießen** absolviert werden, an der Büchner sein Medizinstudium fortsetzte. Zu seinen akademischen Lehrern gehörten der Anatom F. Chr. G. Wernekinck, der Psychologe J. Hillebrand und mit hoher Wahrscheinlichkeit auch die Professoren E. L. W. Nebel (Geistes- und Gemütskrankheiten), Justus Liebig (analytische Chemie) und J. B. Wilbrand (Naturphilosophie). Wilbrand wurde Vorbild für die Figur des Doktors in *Woyzeck*.

Vermutlich Mitte April 1834 gründete Büchner eine Darmstädter und kurz darauf eine Gießener Sektion der „Gesellschaft der Menschenrechte". Durch seinen engsten politischen Vertrauten in Gießen, den ehemaligen Theologiestudenten August Becker, lernte Büchner den Butzbacher Schulrektor Friedrich Ludwig Weidig kennen. Dieser war der Kopf der politischen Opposition Oberhessens und beförderte Büchners politische Flugschrift *Der Hessische Landbote*, wenn auch nicht ohne eigene redaktionelle Eingriffe, zum Druck. In dieser Flugschrift gibt Büchner der Forderung nach einem politischen Umsturz in Hessen in suggestiver Sprache Ausdruck. Die Verteilung der Exemplare begann Mitte August, jedoch wurde die Aktion von einem Mitglied des Weidig-Kreises verraten. Auch Büchner wurde belastet, konnte aber eine Verhaftung vorläufig von sich abwenden. In der folgenden Zeit widmete er sich der Reorganisation der Darmstädter „Gesellschaft der Menschenrechte". Im Januar 1835 begann er mit der Niederschrift seines ersten Dramas, *Dantons Tod*, das einen Abschnitt aus der Geschichte der Französischen Revolution behandelt.

Inzwischen hatten die Behörden ihre Netze um die hessischen Revolutionäre immer enger gezogen. Als Büchner einer Vorladung des Friedberger Untersuchungsrichters nicht Folge leistete, wurde behördenintern nach ihm gefahndet. Vermutlich am 6. März 1835 entzog sich Büchner der drohenden Verhaftung durch **Flucht nach Straßburg**. Am 13. Juni wurde er steckbrieflich gesucht.

Um den Straßburger Behörden keinen Grund zur Auslieferung zu geben, hielt sich Büchner im Exil von jeglicher politischen Betätigung fern. Er widmete sich ausschließlich seinem Studium und dem Aufbau einer akademischen Existenz. Dazu sollte ihm seine Abhandlung *Über das Nervensystem der Barben* verhelfen, mit der er im September 1836 an der Züricher Universität promoviert wurde.

2493.   S t e c k b r i e f.

Der hierunter signalisirte Georg Büchner, Student der Medizin aus Darmstadt, hat sich der gerichtlichen Untersuchun seiner indicirten Theilnahme an staatsverrätherischen Handlungen durch die Entfernung aus dem Vaterlande entzogen. Man ersucht deßhalb die öffentlichen Behörden des In- und Auslandes, denselben im Betretungsfalle festnehmen und wohlverwahrt an die unterzeichnete Stelle abliefern zu lassen.

Darmstadt, den 13. Juni 1835.

Der von Großh. Hess. Hofgericht der Provinz Oberhessen bestellte Untersuchungs-Richter, Hofgerichtsrath

Georgi.

Personal=Beschreibung.

Alter: 21 Jahre,
Größe: 6 Schuh, 9 Zoll neuen Hessischen Maases,
Haare: blond,
Stirne: sehr gewölbt,
Augenbraunen: blond,
Augen: grau,
Nase: stark,
Mund: klein,
Bart: blond,
Kinn: rund,
Angesicht: oval,
Gesichtsfarbe: frisch,
Statur: kräftig, schlank,
Besondere Kennzeichen: Kurzsichtigkeit.

Der Steckbrief dokumentiert, für wie gefährlich der nach dem Wiener Kongress neu stabilisierte Staat Büchner hielt.

Gleichzeitig setzte Büchner seine literarische Produktion fort. Aus seiner Beschäftigung mit dem Sturm-und-Drang-Dichter Jakob Michael Reinhold Lenz erwuchs eine Novelle über dessen zunehmenden geistigen Verfall (*Lenz*). Für ein literarisches Preisausschreiben über „das beste ein- oder zweiaktige Lustspiel" schrieb Büchner im Juni 1836 die Komödie *Leonce und Lena*. Da er aber den Einsendeschluss knapp verpasst hatte, wurde ihm das Manuskript ungeöffnet zurückgeschickt. Zu dieser Zeit begann Büchner auch mit der Arbeit an *Woyzeck*.

Am 18. 10. 1836 übersiedelte er nach **Zürich**, um an der dortigen Universität eine Stelle als Privatdozent anzunehmen. Neben seiner Vorlesungstätigkeit widmete er sich weiter der Arbeit an *Woyzeck*. Im Januar 1837 erkrankte Büchner plötzlich. Anfang Februar verschlechterte sich sein Gesundheitszustand. Am 15. Februar diagnostizierte der behandelnde Arzt Typhus. Seine Verlobte konnte gerade noch aus Straßburg anreisen, um Büchner noch lebend anzutreffen, der nur für kurze Momente aus seinen Typhusdelirien erwachte. Georg Büchner starb am **19. 2. 1837**, am 21. Februar wurde er in Zürich begraben.

2 Die Entstehung des „Woyzeck"

Die Entstehung des Stückes liegt weitgehend im Dunkeln. In einem Brief vom 2. 9. 1836 teilt Büchner seinem Bruder Wilhelm mit, er sei „gerade daran, sich einige Menschen auf dem Papier totschlagen oder verheiraten zu lassen" (MA, S. 321). Die erste Bemerkung könnte sich auf *Woyzeck* beziehen, die zweite auf das Lustspiel *Leonce und Lena*, das Büchner nach der Zurückweisung durch die Jury noch einmal überarbeitete. Büchner beabsichtigte, einen Band mit mindestens zwei Dramen zu veröffentlichen. In einem Brief an die Familie, ebenfalls vom September 1836, spricht er von „zwei Dramen", die er „noch nicht aus den Händen gegeben" habe, da er „noch mit Manchem unzufrieden" sei (MA, S. 331). Da er bis Ende Mai 1836 jedoch intensiv an seiner Promotion arbeitete, die ihn „einen vollen Winter und ein halbes Frühjahr" so sehr in Anspruch nahm, dass er „nicht aus seinen 4 Wänden" kam (Brief an Eugen Boeckel vom 1. 6. 1836; MA, S. 318), liegt die Vermutung nahe, dass Büchner erst im **Juni oder Juli** die Arbeit am *Woyzeck* aufgenommen hat und dass **bis September 1836** mindestens ein erster Entwurf fertig gewesen sein muss.

In Zürich setzte er die Arbeit an den beiden Stücken fort. In einem Brief an seine Braut vom 20. 1. 1837 bekennt er seine „Freude am Schaffen [s]einer poetischen Produkte" (MA, S. 325). In seinem letzten Brief kündigt er an, „in längstens acht Tagen Leonce und Lena mit noch zwei anderen Dramen erscheinen zu lassen" (MA, S. 326). Dass es sich bei einem dieser „zwei anderen Dramen" um *Woyzeck* handelt, gilt als wahrscheinlich.

3 Büchners Quellen – Der historische Woyzeck

Mit seinem *Woyzeck* stützt Büchner sich auf drei Mordfälle, die sich zwischen 1817 und 1830 ereigneten und untereinander weitgehende Übereinstimmungen aufweisen. Der Plot lässt sich in einem Satz zusammenfassen: Ein alleinstehender Mann um die vierzig ersticht seine Geliebte.

Die Hauptquelle Büchners bildet der Fall des 41-jährigen **Johann Christian Woyzeck**, der am 2. 6. 1821, abends um halb zehn, seine 46-jährige Geliebte, die Witwe Johanna Christiane Woost, aus Eifersucht erstach. Das Opfer unterhielt neben ihrer Beziehung zu Woyzeck noch andere Männerbekanntschaften, insbesondere zu Soldaten der Leipziger Garnison. Am Tag des Mordes hatte sie sich mit Woyzeck verabredet, ihm dann aber einen anderen Verehrer vorgezogen. Darauf ließ Woyzeck eine abgebrochene Degenklinge so präparieren, dass sie als Mordwerkzeug gebraucht werden konnte, und erstach die von ihrem Rendezvous zurückkehrende Geliebte im Flur ihres Hauses.

Woyzecks Lebenslauf ist beispielhaft für den Zusammenhang zwischen sozialem Abstieg und Verfall einer Persönlichkeit. Am 3. 1. 1780 in Leipzig geboren, hatte er schon im Kindesalter beide Eltern verloren. Mit 13 Jahren wurde er bei einem Perückenmacher in die Lehre gegeben, ein Gewerbe, das am Ende des 18. Jahrhunderts im Niedergang begriffen war. Nach dreijähriger

Lehrzeit fand er für die nächsten zwei Jahre Beschäftigung in seinem Beruf, verlor dann aber seine Stellung und zog zwischen 1798 und 1806 auf Beschäftigungssuche durch das Land und hielt sich mit Gelegenheitsarbeiten über Wasser. 1806 ließ er sich von einem holländischen Regiment zum Kriegsdienst anwerben und diente während der Napoleonischen Kriege wechselnden Kriegsherren. Aus dem Militärdienst entlassen, kehrte er 1818 nach Leipzig zurück und

I.C. WOYCECK
geboren in Leipzig A⁰ 1780.

fristete seine Existenz wieder mit Gelegenheitsarbeiten. Ohne festen Wohnsitz und völlig mittellos, wurde er von depressiven und psychotischen Schüben heimgesucht.

Noch am Tatort wurde Woyzeck verhaftet. Bei der gerichtlichen Untersuchung des Falles wurde ein **psychiatrisches Gutachten** über den Mörder beantragt, mit dem der Leipziger Stadtphysikus Johann Christian August **Clarus** beauftragt wurde. Clarus führte mehrere Gespräche mit Woyzeck und kam zu dem Ergebnis, dass der Täter zurechnungsfähig sei. Darauf wurde am 29. 2. 1822 das Todesurteil gefällt. Aufgrund von Zeugenaussagen, Woyzeck habe Geistererscheinungen gehabt und zeitweise an Verstandesverwirrung gelitten, wurde die Vollstreckung des Urteils jedoch ausgesetzt. Der erneut zum Gutachter berufene Clarus bekräftigte seine Diagnose auf Zurechnungsfähigkeit. So wurde die Vollstreckung des Urteils endgültig angeordnet und Woyzeck am 27. 8. 1824 auf dem Leipziger Marktplatz vor etwa 5 000 Zuschauern öffentlich enthauptet.

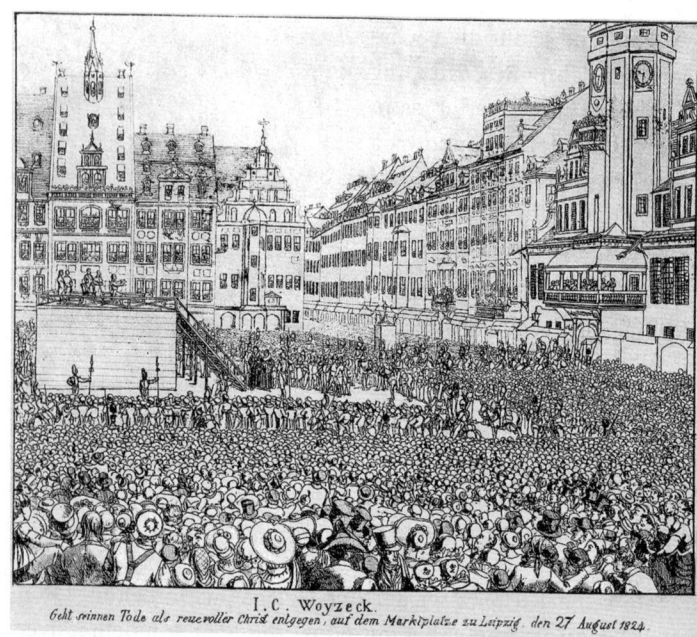

I. C. Woyzeck.
Geht seinem Tode als reuevoller Christ entgegen, auf dem Marktplatze zu Leipzig. den 27 August 1824.

Der Fall erregte Aufmerksamkeit über die Grenzen Leipzigs hinaus und entfachte in der wissenschaftlichen Öffentlichkeit eine lebhafte Diskussion über die Zurechnungsfähigkeit von Mördern. Um sich zu rechtfertigen, veröffentlichte Clarus seine beiden Gutachten 1825 und 1826 in der *Zeitschrift für Staatsarzneikunde*. Diese beiden Veröffentlichungen bilden die Hauptquelle für Büchners Konzeption seines Dramas.

Als Anlass für seine Beschäftigung mit dem Fall vermutet man einen Aufsatz des Advokaten Philipp Bopp aus dem Jahre 1836 mit dem Titel *Zurechenbarkeit oder nicht?*, der in derselben Zeitschrift erschienen war wie die beiden Clarus-Gutachten zehn Jahre zuvor. Im aktuelleren Fall handelte es sich um den 37-jährigen Leinwebergesellen **Johann Dieß**, der 1830 seine Geliebte erstochen hatte. Der Aufsatz nahm auch auf den Fall Woyzeck Bezug sowie auf einen weiteren Parallelfall, den Mordprozess gegen den Tabakspinnergesellen **Daniel Schmolling**, der 1817 ein gleiches Verbrechen verübt hatte. Im Gegensatz zu den beiden anderen Tätern war er als unzurechnungsfähig eingestuft worden.

Dass Büchner die Clarus-Gutachten gekannt hat, steht außer Frage. Darauf weist nicht nur der Name des Protagonisten hin. Die psychotischen Symptome des historischen Woyzeck, wie Clarus sie beschreibt, finden sich auch bei der Figur des Dramas wieder. Es sind Symptome von Paranoia und Bewusstseinsspaltung. Der historische Woyzeck hört „streitende Stimmen", „unterirdisches Glockenläuten", „Stimmen", die ihm zurufen: „Stich die Frau Woostin tot" (vgl. 3. Szene: 11,15 f.; die Szenen 13 und 14). Er hat Visionen, sieht drei „feurige Streifen" und „drei feurige Gesichter" am Himmel (vgl. 1. Szene: 9,24 ff.). Er leidet unter dem Wahn, dass ihn „Geister" und „die Freimaurer" verfolgen und umbringen wollen (vgl. 1. Szene: 9,8 f. und 18 f.), wird von Herzklopfen heimgesucht und dem Gefühl, ihm werde das Herz „mit einer Nadel berührt" (vgl. 14. Szene: 28,20 f.). Solche Phänomene von Geistesgestörtheit dürften Büchner darüber hinaus durch sein Medizinstudium vertraut gewesen sein.

Auch das **Milieu** des *Woyzeck* war Büchner nicht fremd: Sein Vater war Bezirksarzt, der selber in der *Zeitschrift für Staatsarzneikunde* veröffentlicht hatte. Büchner selbst hatte Medizin und Naturwissenschaft studiert. Mit der Welt des Militärs war er über Verwandte von mütterlicher Seite in Berührung gekommen. Sein Vater war während der Napoleonischen Feldzüge selbst als Sanitätsgehilfe und Armeechirurg in militärischen Diensten gewesen. Mit Bildern sozialen Elends war Büchner von klein auf vertraut; sein politisches Engagement für die Armen und Ausgebeuteten hatte er durch seinen Kontakt zu sozialrevolutionären und frühkommunistischen Bewegungen in Frankreich, Gründungen geheimer politischer Organisationen und nicht zuletzt durch seine sozialrevolutionäre Flugschrift *Der Hessische Landbote* bewiesen.

Der historische Woyzeck stellt den Musterfall für die Verelendung ganzer Bevölkerungsschichten im frühen 19. Jahrhundert dar – ein Phänomen, für das die Bezeichnung **Pauperismus** geprägt wurde und das seine Ursachen nicht nur in der unterentwickelten Wirtschaft im deutschen Raum hatte, sondern auch Folge der Napoleonischen Kriege, der Kontinentalsperre und der Agrarkrise in den 1820er-Jahren war. Woyzecks Biografie zeigt modellhaft den Zusammenhang zwischen beruflicher Erfolglosigkeit, Armut, psychischer Störung und Abgleiten in die Kriminalität sowie die Reaktion der bürgerlichen Gesellschaft darauf. Dass der Fall Woyzeck einen politisch engagierten Autor wie Georg Büchner faszinieren musste, ist somit nicht verwunderlich.

4 Textüberlieferung

Woyzeck liegt nicht in einer vom Autor vollendeten Werkfassung vor. Zwar vermeldet Büchner in einem Brief an seine Braut, den er kurze Zeit vor seinem Tod geschrieben hat, er werde „in längstens acht Tagen Leonce und Lena mit noch zwei anderen Dramen erscheinen lassen" (MA, S. 326), und wir müssen vermuten, dass es sich bei einem der „zwei anderen Dramen" um *Woyzeck* gehandelt hat. Aber die Fertigstellung bis zur Druckreife ist durch Büchners frühen Tod verhindert worden. In seinem Nachlass fanden sich verschiedene handschriftliche Entwürfe auf billigem Papier und in flüchtiger Schrift – Konzepte, die nur zum privaten Gebrauch gedacht waren.

Die Büchner-Forschung unterscheidet **vier Entwurfsstufen**, die mit H1 bis H4 bezeichnet werden. **H1** umfasst 21 Szenen, die – in unterschiedlichem Grade der Ausarbeitung – in den Grundzügen den gesamten Handlungsverlauf des Stückes bieten. Die Hauptfiguren heißen noch Louis und Margreth. **H2** besteht aus 9 Szenen und bietet eine erweiterte Fassung des ersten Drittels von H1. Die Szenen sind stärker ausgearbeitet – so die 9. Szene der Lesefassung –, die beiden Hauptfiguren heißen Woyzeck und Louise. Bei **H3** handelt es sich um ein einzelnes Blatt mit zwei Szenen, die in den übrigen Entwurfsstufen nicht vorkommen und in der Lesefassung die Szenen 10 und 27 bilden. Die späteste und am wenigsten flüchtige Handschrift ist **H4**. Sie verwertet und erweitert Material aus H1 und H2 in 17 Szenen und endet mit der Testamentsszene (Szene 18 der Lesefassung). Die Hauptfiguren heißen Woyzeck und Marie. H4 wird als „vorläufige Reinschrift" angesehen, als die Stufe also, die der veröffentlichungsreifen Fassung am nächsten kommt.

Büchners Handschrift ist **sehr flüchtig** und in Einzelfällen unlesbar. Manche Wörter werden es wohl immer bleiben, in anderen Fällen sind die Wortlesungen unsicher. So kommt es, dass verschiedene Textausgaben im Wortlaut voneinander abweichen können. Für die nicht zu entziffernden Buchstaben oder Wörter sind im Lesetext der Reclam-Ausgabe statt der Buchstaben Kreuze gesetzt (zum Beispiel in der 3. Szene: 11, 32; 12, 1 f.). Darüber hinaus weist Büchners flüchtige Handschrift am Wortende oft **Verschleifungen** auf, was manche Herausgeber zu der Annahme geführt hat, das Stück sei in hessischem Dialekt verfasst. Dagegen spricht allerdings, dass auch Büchners ausgearbeitete Vorlesungsskripte für die Universität Zürich mit denselben Verschleifungen notiert sind. Dass er aber seine philosophischen Vorlesungen in hessischer Mundart gehalten hat, erscheint wenig plausibel. Die Kürzelformen sind also eher auf Flüchtigkeit zurückzuführen. Zudem sind Dialektformen, wenn sie in *Woyzeck* vorkommen sollen, in der Regel sorgfältig notiert, woraus folgt, dass die dialektale Redeform nur in Ausnahmefällen beabsichtigt ist.

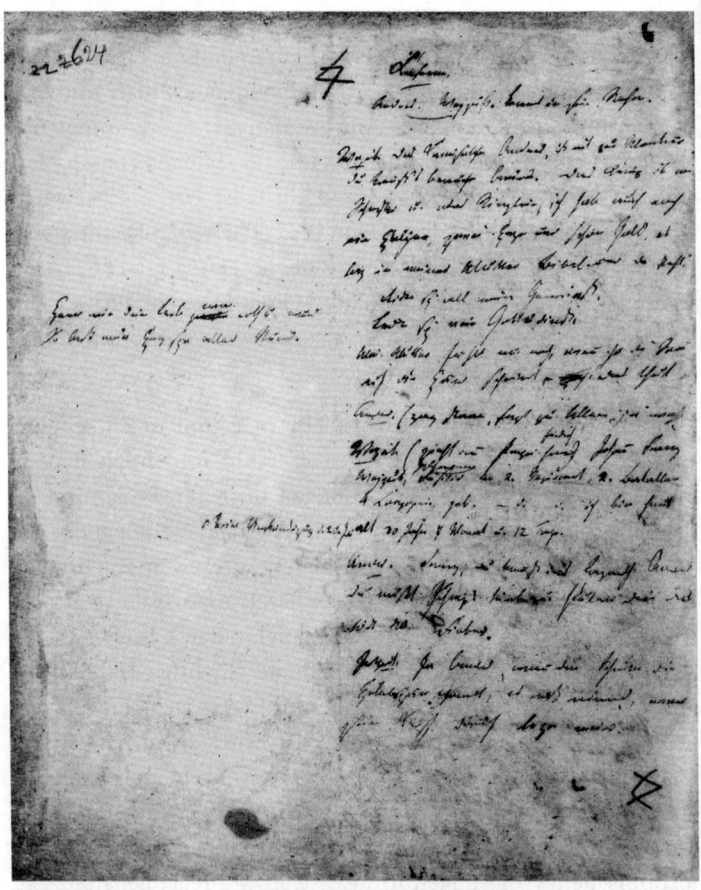

Ganze Generationen von Germanisten versuchten Georg Büchners Woyzeck-Entwürfe zu entschlüsseln, schon seine Brüder hielten die Skizzen für „durchaus unleserlich" (GBMA 7/2, S. 141). – Einen Eindruck vermittelt das Handschriftenfaksimile H4,17.

5 Büchners Kunstauffassung

Nach Büchners Auffassung soll der Dichter „die Welt [...] zeigen wie sie ist" und nicht „wie sie sein soll[ ]" (Brief an die Familie vom 28. 7. 1835; MA, S. 306). Im Spannungsfeld zwischen Idealismus und Realismus schlägt sich der Autor auf die Seite der **Realisten** und stellt sich **gegen die „Idealdichter"**, die in ihren Werken nur „Marionetten [...], aber nicht Menschen von Fleisch und Blut" geben (MA, S. 306). Im sogenannten Kunstgespräch seines Novellenfragments Lenz lässt Büchner den Sturm-und-Drang-Dichter Jakob Michael Reinhold Lenz (1751–1792) ein künstlerisches Programm formulieren, das auch sein eigenes war. Demnach ist „Leben, Möglichkeit des Daseins [...] das einzige Kriterium in Kunstsachen", während die Frage, „ob es schön, ob es häßlich" sei, als unerheblich abgetan wird. Es komme vielmehr darauf an, „sich in das Leben des Geringsten" hineinzuversetzen und es „in den Zuckungen, den Andeutungen, dem ganzen, feinen, kaum bemerkten Mienenspiel" wiederzugeben. Der „Idealdichter" dagegen halte in seiner Kunst nur idealisierte Gestalten für darstellenswert und offenbare damit die „schmählichste Verachtung der menschlichen Natur." Wer diese verstehen wolle, müsse „in das eigentümliche Wesen jedes [Menschen] ein[ ]dringen, es darf einem keiner zu gering, keiner zu häßlich sein" (MA, S. 144 f.).

Von diesem Kunstprogramm her lässt sich Woyzeck als „,angewandte Theorie' aus Lenz" verstehen, steht doch mit der Figur des Woyzeck „die erste subbürgerliche Hauptfigur in der Geschichte des deutschen Dramas" (Hauschild 2004, S. 138) auf der Bühne. Büchner verzichtet konsequent auf die Sprache der hohen Tragödie und setzt an die Stelle selbstbestimmter Individuen, die in exemplarischen Situationen vor schicksalhafte Entscheidungen gestellt sind, den **leidenden Menschen**, der „in erheblichem Maß sozial determiniert" (Hauschild 2004, S. 140), also **unfrei** ist. Damit stellt sich Büchner in **Opposition zum klassischen Konzept**: Der Mensch ist kein frei über sich bestimmendes Subjekt, sondern abhängig von gesellschaftlichen Verhältnissen. In diesem Sinne erklärt Büchner:

> *„Ich verachte Niemanden,* am wenigsten wegen seines Verstandes oder seiner Bildung, weil es in Niemands Gewalt liegt, kein Dummkopf oder kein Verbrecher zu werden, – weil wir durch gleiche Umstände wohl Alle gleich würden, und weil die Umstände außer uns liegen" (Brief an die Familie vom Februar 1834; MA, S. 285)

Die menschliche Natur soll daher vor dem Hintergrund ihrer gesellschaftlichen Bedingungen sichtbar gemacht werden, der Einzelne ist nichts anderes als deren Produkt. Das gilt auch für Woyzeck: Eingespannt zwischen Erwerbszwang und Menschenversuch, unterliegt er „[d]em Druck der Umstände, denen er durch die Dürftigkeit seiner Existenz unweigerlich ausgeliefert ist". Seinem Verbrechen geht „ein soziales Verbrechen *an* Woyzeck" voraus (Hauschild 2004, S. 146 f.), das ihn in diese Lebensumstände zwingt.

Büchner macht die gesellschaftlichen Widersprüche sichtbar, enthält sich aber einer Kommentierung. Dass seine **Sympathie bei den Unterdrückten** liegt, geht schon daraus hervor, dass nur sie Eigennamen tragen. Die machtausübenden Figuren haben lediglich Funktionsbezeichnungen. Folge der Ausbeutung sind Selbstentfremdung und Verlassenheit (vgl. Maries Ausruf „Alles tot!", 17. Szene: 31,2 f.; oder der Zustand von Woyzecks Mutter, 18. Szene: 31,17 f.). Bemerkenswert ist, dass Woyzeck bei aller Verworrenheit seiner religiös-halluzinatorischen Vorstellungen seine **soziale Bedingtheit** bis zu einem gewissen Grad durchschaut. Indem er den Zusammenhang zwischen materiellen Bedingungen und moralischen Normen betont, erkennt er – marxistisch gesprochen – das Abhängigkeitsverhältnis von Überbau und Unterbau. Wer sich ein gutes Leben leisten kann, hat es

auch leichter, ein guter Mensch zu sein, d. h. bürgerlichen Wertvorstellungen zu genügen. Wessen Leben sich darin erschöpft,
das nackte Überleben zu sichern, der ist eben nur „Natur"
(5. Szene: 17,10), für den ist „moralisches" Verhalten unerreich-
barer Luxus. *Woyzeck*, als **Tragödie der Selbstentfremdung**,
befördert soziale Selbsterkenntnis, und zwar durch Figuren, die
weitgehend sprachlos sind oder diese Zusammenhänge bestenfalls andeuten können. Daher verzichtet das Stück auf jeglichen
lehrhaften Gestus.

Die Vermittlung der Einsicht, dass **moralische Normen
eine Funktion sozialer Verhältnisse** sind – ein Problem, das
in der 5. Szene zwischen dem Hauptmann und Woyzeck erör-
tert wird –, ist Büchner ein zentrales Anliegen. Das geht auch aus
Briefen und Erinnerungen seiner politischen Freunde hervor.
August Becker, sein engster politischer Vertrauter in Gießen,
erinnerte sich an die Aussage Büchners, „es sei keine Kunst, ein
ehrlicher Mann zu sein, wenn man täglich Suppe, Gemüse und
Fleisch zu essen habe" (MA, S. 368).

Mit seiner Hinwendung zum Alltag steht Büchner in seiner
Epoche nicht allein. Er ist Teil einer literarischen Strömung, die
in den 30er-Jahren des 19. Jahrhunderts das Ende der „Kunst-
periode" ausrief – gemeint ist die idealistische Kunstauffassung
der klassisch-romantischen Epoche – und der Literatur eine
gegenwartsbezogene und zeitkritische Funktion zuwies. Seine
anti-idealistische Kunstauffassung macht Büchner zu einem
Weggefährten des „**Jungen Deutschland**", einer durch die Zen-
surbehörde unter dieser Bezeichnung verbotenen Gruppe von
Schriftstellern, zu der Karl Gutzkow, Theodor Mundt, Heinrich
Laube und Ludolf Wienbarg sowie die heute noch bekannten
Autoren Heinrich Heine und Ludwig Börne zählten.

Inhalt und Bedeutung der Szenen

1. Freies Feld. Die Stadt in der Ferne (S. 9)

Woyzeck und Andres, zwei einfache Soldaten, befinden sich
außerhalb der Stadt und schneiden Stöcke, wahrscheinlich zu
einem militärischen Zweck, etwa zum Flechten von Schanz-
körben oder zur Verwendung bei Prügelstrafen.

Woyzeck wird von Halluzinationen bedrängt, die bedrückend
sind und sich aus volkstümlichem Aberglauben (9,5 ff.), bib-
lisch-eschatologischen Vorstellungen (9,24 ff.) und Vorurteilen
(9,8 f. und 17 ff.) herleiten. Er glaubt, sich an einer geheimen
Hinrichtungsstätte der Freimaurer zu befinden, wo beim abend-
lichen Spuk die Köpfe der Enthaupteten rollen. Wer nach dem
Volksglauben einen davon aufhebt, stirbt drei Tage später selbst.
Auch der Boden scheint ihm durch die Freimaurer unterminiert
(9,17 ff.). Woyzecks Halluzinationen steigern sich, als er am Himmel Zeichen erkennt, wie sie in der Offenbarung des Neuen Testaments (Joh 8,5–7) für das Ende der Zeiten beschrieben werden.

Im Gegensatz zu Woyzeck ist Andres der realen Welt verhaftet. Ihm ist die unheimliche Erfahrung Woyzecks nicht zugänglich, er stellt sie aber auch nicht in Frage, wohl weil sein Welt-
bild gleichfalls von volkstümlichem Aberglauben und biblischen
Bildern geprägt ist. Er lässt sich auf Woyzecks Vorstellungen ein
und betrachtet ihn anscheinend als Medium des Übersinnlichen.

Am Schluss der Szene prallen beide Wahrnehmungsarten
unmittelbar aufeinander: Während für Woyzeck „alles still" ist,
hört Andres das Trommeln des Zapfenstreichs (9,29 f.).

Die Szene bringt eine Fülle von Vorausdeutungen auf das blutige Ende des Stückes: Der Schauplatz außerhalb der Stadt verweist auf den Schauplatz des Mordes (vgl. 20. Szene: 33,11 ff.),

die eingebildete Hinrichtungsstätte spielt auf Woyzecks mut-
maßliches Ende an; das von Woyzeck erlebte Weltuntergangs-
szenario deutet auf Unheil. Der hohle Boden verbildlicht Woyzecks untergrabene Existenz. – Darüber hinaus wird der Leser
mit Woyzecks labiler psychischer Verfassung bekannt gemacht.
Insofern hat die Szene die Funktion einer Exposition.

„Still! Es geht was! [...] Still, alles still, als wär die Welt tot." (9,13 und 29) –
Andres (Wilhelm Schneck) und Woyzeck (Stephan Korves) in Edith Koerbers
Inszenierung an der tri-bühne Stuttgart 1995/96

2. <In der Stadt> (S. 10 f.)

Diese Szene spielt etwa gleichzeitig mit der vorigen: Während
Andres den Zapfenstreich aus der Ferne hörte, zieht dieser an
dem Haus vorüber, in dem Marie wohnt, Woyzecks Geliebte,
mit der er ein uneheliches Kind hat. Marie steht am Fenster im
Erdgeschoss und beobachtet mit ihrem kleinen Sohn den vor-
überziehenden Spielmannszug. Dabei unterhält sie sich mit ihrer
Nachbarin. Beiden fällt der Tambourmajor auf, ein Unteroffizier,
der dem Zug voranschreitet und mit seinem Stab die Komman-
dos für die Trommler gibt. Auch der Tambourmajor erblickt die

beiden Frauen und grüßt. Schnell kommt es zwischen denen zum Streit: Margreth versteht sich als „honette [= anständige, ehrenhafte, rechtschaffene] Person" (10,19 f.) und wirft Marie unverhehltes Begehren vor; Marie dagegen unterstellt ihrer Nachbarin Neid und Unaufrichtigkeit: Mit ihrer vorgeblichen Moral bemäntele diese nur die eigene Chancenlosigkeit bei Männern (10,16 ff.). Marie beendet das Gespräch, indem sie das Fenster zuschlägt.

Maries unbürgerliche Wertvorstellungen werden im Zureden an ihren kleinen Sohn deutlich. Wenn sie ihn als „arm Hurenkind" (10,23 f.) bezeichnet, so geschieht das aus der Sicht bürgerlicher Wohlanständigkeit; das „unehrliche Gesicht" (10,24 f.) spielt aus der gleichen Perspektive auf den Umstand der unehelichen Geburt an. Marie singt ihrem Kind vor. In der ersten Liedstrophe reflektiert sie ihre eigene Situation und gibt ihrem Lebensgefühl Ausdruck (10,26–31). Ist ihre Lage in der bürgerlichen Gesellschaft auch prekär, so lässt sie sich dadurch doch nicht entmutigen. Lebensfreude drückt auch die zweite Strophe aus (11,1–6), die unvermittelt anschließt und wie die erste aus einem Volkslied stammt. Auf diese Weise entsteht eine strophische Montage, wie sie im volkstümlichen Liedgesang nicht selten vorkommt.

Dann klopft es draußen am Fenster. Marie öffnet es, und Woyzeck, der auf einen Sprung vorbeischaut, macht Andeutungen über seine Phantasmagorien (Wahnvorstellungen). Maries Ratlosigkeit drückt sich in ihren Einwort-Apostrophen (11,14 und 17; Apostrophe: eindringliche Hinwendung an eine Sache oder eine Person, häufig als Ausruf) sowie im anschließenden Monolog (11,19–24) aus. Es dunkelt, die Atmosphäre ist schauerlich.

Diese Szene ist durch das Öffnen und Schließen des Fensters klar in drei Abschnitte gegliedert. Sie macht den Zuschauer mit der Konfliktkonstellation „Frau zwischen zwei Männern" vertraut und eröffnet damit die Gegenhandlung. Die Verwicklung steigert sich von hier an bis zur Katastrophe in der 20. Szene.

3. Buden. Lichter. Volk (S. 11 ff.)

Die Jahrmarktszene kommt in H4 nicht vor, sie stellt eine Mischfassung von vier Szenen aus den Handschriften-Entwürfen H1
und H2 dar und füllt eine Lücke von eineinhalb Seiten, die in H4
offengelassen ist. Dort ist aber die Szenenüberschrift notiert,
sodass diese Lückenschließung plausibel ist.

Vermutlich noch am selben Abend sind Woyzeck und Marie
auf den Jahrmarkt gegangen. Ein Ausrufer preist wortreich und
aufdringlich die Attraktionen an, die in seiner Bude zu sehen
sind: ein sternkundiges Pferd, zu allerlei Kunststücken abgerich-
tete Kanarienvögel, einen in Uniform posierenden Affen. Der
Tambourmajor ist in Begleitung eines Unteroffiziers ebenfalls
anwesend. Die beiden haben Marie entdeckt und folgen ihr und
Woyzeck in das Innere der Bude. Dort lässt der Marktschreier
ein Pferd seine Künste vorführen, wozu auch das Ablesen der
Uhrzeit gehört. Die dafür benötigte Taschenuhr stellt der Unteroffizier großspurig zur Verfügung. Marie, die die Attraktion aus
der Nähe verfolgen will, lässt sich in die erste Reihe helfen.

Im Vortrag eines Bänkelsängers und in den Darbietungen des
Marktschreiers umspielt diese Szene allegorisch die Themen
Vergänglichkeit und Tod (11,29 f.; 13,26 ff.). Auch das Problem
der Grenzlinie zwischen Mensch und Tier wird angesprochen,
indem die dressierten Tiere dem dick auftragenden Ausrufer
zufolge über „viehische Vernunft" bzw. „vernünftige Viehigkeit"
verfügen und in dieser Hinsicht manchem „viehdumme[n] Indi-
viduum" überlegen sind (12,10 ff.). Dies deutet auf Woyzecks
Situation, der dem Doktor als Demonstrationsobjekt für genau
dieses Problem dient (10. Szene: 25,4 ff. und 8 ff.) und dem er als
Experimentierobjekt weniger bedeutet als ein Exemplar des niederen Tierreichs (8. Szene: 19,35 f.). Zu den Kunststücken des Affen gehört es zudem, als Soldat zu posieren, der nur „unterst Stuf
von menschliche Geschlecht" ist (12,23 f.). Damit ist auf Woyzecks Stellung in der gesellschaftlichen Hierarchie angespielt.

Handlungstechnisch wird die Beziehung zwischen Marie und dem Tambourmajor vertieft und damit das – dramentechnisch gesprochen – „erregende Moment" in Gang gesetzt.

4. <Maries Kammer> (S. 14 f.)

Marie sitzt in ihrem Zimmer und hat ein Paar Ohrringe angelegt, die der Tambourmajor ihr offenbar geschenkt hat. Um sich im Schmuck zu bewundern, besitzt sie nur eine Spiegelscherbe; einen Spiegel kann sie sich als „arm Weibsbild" (14,21) nicht leisten. Marie beklagt die Ungleichheit der Menschen und versucht, ihr Kind zum Einschlafen zu bringen.

Als Woyzeck unerwartet eintritt, gelingt es Marie nicht, die Ohrringe zu verbergen. Sein erwachendes Misstrauen unterdrückt er schnell und gibt sich als treu sorgender Familienvater: Er kümmert sich darum, dass das Kind in bequemer Lage schläft, und händigt Marie seinen Wochenlohn und einen Teil seines Nebenverdienstes aus. Wiederum hat Woyzeck keine Zeit, denn er muss seinen morgendlichen Dienstgang antreten. Er kündigt sich aber für den Abend an. – Marie bleibt mit Schuldgefühlen zurück, die sie in einer fatalistischen Anwandlung jedoch schnell in den Wind schlägt.

Die Szene verschärft den dramatischen Konflikt, denn offensichtlich ist es zu einer weiteren Annäherung zwischen Marie und dem Tambourmajor gekommen, und Woyzecks Misstrauen ist erwacht. Maries Äußerung: „Ich könnt' mich erstechen" (15,11) deutet auf die finale Katastrophe voraus.

5. <Zimmer> (S. 15 ff.)

Auf seinem morgendlichen Dienstgang hat Woyzeck die erste Station erreicht: Er muss den Hauptmann rasieren. Dieser wirft ihm sein gehetztes Wesen vor, das Ausdruck eines schlechten Gewissens sei, und empfiehlt ihm Langsamkeit. Gegen den Vorwurf, ein uneheliches Kind zu haben, verteidigt sich Woyzeck, der bis dahin immer nur formal-militärisch geantwortet hat, mit drei Argumenten: Er beruft sich auf die Liebesbotschaft Jesu, der ein Kind nicht nach seiner Herkunft beurteile (16,22 ff.), verweist auf seine Armut, die eine Heirat nicht erlaube (16,29 f.), sowie darauf, dass es für einen Armen wie ihn unmöglich sei, einen bürgerlich-korrekten Lebenswandel zu führen (17,8 ff.). Der Hauptmann ist irritiert und entlässt seinen Untergebenen, indem er seine Ermahnungen vom Anfang wiederholt.

Die Szene macht die Verständnislosigkeit des Bürgertums für die Schicht der Armen deutlich. Indem der Hauptmann einen abstrakten Tugendbegriff voraussetzt, verkennt er, dass sich Moral nicht losgelöst von materiellen Bedingungen begreifen lässt.

6. <Gasse> (S. 17 f.)

Marie und der Tambourmajor begegnen sich in einer Gasse. Marie äußert unumwunden ihre Bewunderung für das imposante Erscheinungsbild des Soldaten und ist stolz, ihn erobert zu haben. Auf seine Anwandlung von Eitelkeit antwortet sie mit leichtem Spott; auf seine Zudringlichkeit reagiert sie zuerst verstimmt, dann fordernd.

Aus Maries Verhalten spricht emanzipierte Sinnlichkeit. Die Initiative geht in dieser Szene von ihr aus: Sie fordert auf (17,25 f.; 18,6), weist zurück (18,4), bewundert (17,26 f. und 33), gewährt (18,8). Der draufgängerische, eroberungsgewohnte Tambourmajor erscheint dagegen plump und eitel. Marie will ihre Wünsche ausleben und geht dabei aufs Ganze. Das Risiko, in der Öffentlichkeit beobachtet zu werden, vernachlässigt sie – eine Sorglosigkeit, die sich im Verlauf der Handlung als verhängnisvoll erweisen wird.

Dramaturgisch bedeutet diese Szene die Weiterentwicklung der Marie-Tambourmajor-Handlung; der Konflikt spitzt sich zu, da sowohl Woyzeck (7. Szene) als auch der Hauptmann (9. Szene) diese Begegnung beobachtet zu haben scheinen.

7. <Gasse> (S. 18)

Auf dem Weg vom Hauptmann zum Doktor hat Woyzeck die Begegnung zwischen Marie und dem Tambourmajor anscheinend beobachtet. Nun stellt er Marie zur Rede. Er ergeht sich zunächst in Andeutungen und sucht nach sichtbaren Zeichen für Maries Fehltritt, wird dann direkter, indem er nach „ihm" fragt (vgl. 18,23) und schließlich behauptet, die Begegnung mit eigenen Augen gesehen zu haben. Je weiter Woyzeck seine Vorwürfe zuspitzt, desto mehr fängt sich Marie. Aus der Defensive (18,15 f.) steigert sie sich über die schlagfertige (18,24 ff. und 28 f.) bis zur „keck[en]" Antwort (18,31). Am Ende schlägt sie eine mutmaßliche Drohung Woyzecks in den Wind. – Mit dieser offenen Konfrontation hat sich der Konflikt weiter zugespitzt.

8. <Labor des Doktors> (S. 19 f.)

Die Praxis des Doktors bildet die nächste Station auf Woyzecks Arbeitsrundgang. Er hat sich dem Doktor für eine 90-tägige Erbsendiät verschrieben (vgl. 10. Szene: 24,30 f.), muss seine morgendliche Urinprobe abgeben und sich den Puls messen lassen. Die Entdeckung von Maries Untreue scheint ihn an diesem Morgen jedoch aus dem Gleis gebracht zu haben, denn er hat – vor Aufregung, so wird man vermuten dürfen – seine Notdurft bereits auf der Straße erledigt. Zumindest empfängt ihn der Doktor mit diesem Vorwurf. Woyzeck sei vertragsbrüchig, nehme aber die finanzielle Gegenleistung an. Woyzecks Entschuldigung, ihm sei „die Natur" gekommen (19,10 f.), will der Doktor nicht gelten lassen; der Mensch sei ein freies und selbstbestimmtes Wesen. Im Widerspruch zu der von ihm reklamierten „wissenschaftlichen" Haltung gelingt es dem Doktor schlecht, seinen Ärger zu unterdrücken.

Woyzeck unternimmt darauf den ungeschickten Versuch, das Thema zu wechseln, indem er auf die „doppelte[ ] Natur" (20,10) zu sprechen kommt. Damit bezieht er sich anscheinend auf seine

Wahrnehmungen einer einer übernatürlichen Welt, wie sie in der 1. Szene deutlich wurden. Anscheinend hält er den Doktor als Mann der Naturwissenschaften für solche Fragen zuständig. Der aber schließt aus Woyzecks Redseligkeit und aus dem wirren Charakter der Ausführungen auf eine „Aberratio mentalis partialis" (20,18 f.), ein Phänomen, das ihn für die entgangene Urinprobe reichlich entschädigt. Der „interessante[ ] Casus" (20,29) entzückt ihn so, dass er ihm sogar eine Zulage verspricht. – Wie schon Szene 5 zeigt diese Szene Woyzeck als Objekt der Herrschenden.

9. <Straße> (S. 21 ff.)

Diese Szene ist eine Mischfassung aus zwei Entwurfsstufen, nämlich H4,9 (21,4 – 22,5) und H2,7 (22,6 – 23,34).

Im ersten Abschnitt treffen mit dem Hauptmann und dem Doktor zwei gegensätzliche Charaktere aufeinander: die Larmoyanz des verweichlichten Offiziers begegnet dem Zynismus des Arztes. Dabei erschreckt der Doktor den Hauptmann, der mit den gewohnten Phrasen seine Melancholie zur Schau stellt, mit niederschmetternden Prognosen über dessen Gesundheitszustand und Lebenserwartung. Man verabschiedet sich gerade mit wechselseitigen, unfreundlich-pantomimischen Titulierungen, als Woyzeck gelaufen kommt.

Ausschnitt aus dem Handschriftenfaksimile H2,7 mit Büchners Randzeichnung „Hauptmann und Doktor"

Sofort verbünden sich die beiden Vertreter der gesellschaftlichen Ordnung gegen den Schwächeren. Wie üblich beginnt der Hauptmann seine Anrede an Woyzeck, indem er dessen Hetze verurteilt. Sein Vergleich, Woyzeck laufe „wie ein offnes Rasiermesser durch die Welt" (22,8 f.), bezieht sich auf die Dienstleistung, die Woyzeck täglich erbringt, verdichtet sich aber über die Assoziationskette: Rasieren eines Kosakenregiments (22,10) über „Bärte" (22,12 ff.) zur Anspielung vom Barthaar „in [ ]einer Schüssel" (22,18 f.) beziehungsweise „auf [ein] Paar Lippen" (22,29). Daran, dass das Barthaar „eines Tambourmajor" (22,21) gemeint ist, lässt der Hauptmann keinen Zweifel, und die scheinbar beruhigende Zurückweisung eines Verdachts gegen Woyzecks „brave Frau" (22,22) ist boshaft-ironisch zu verstehen. In seiner Anspielung auf sein voyeuristisches Faible (22,30 f.), die fast wörtlich seine Erklärung aus der 5. Szene aufgreift (17,3), klingt die Schadenfreude mit, dass Woyzeck nun durch die gleiche moralische Verfehlung gestraft wird, die er sich selber hat zuschulden kommen lassen: ein außereheliches Verhältnis.

Der boshafte Stich verfehlt seine Wirkung auf Woyzeck nicht. Dessen Bestürzung, das einzige „auf der Welt" (22,34) verloren zu haben, was seinem Leben Halt und Zweck gab, äußert sich in heftigen körperlichen Symptomen, die das Interesse des Doktors wecken. So steht Woyzeck als zutiefst Verletzter dramaturgisch in wirkungsvollem Kontrast zwischen der heuchlerischen Fürsorglichkeit des Hauptmanns und dem kalten medizinisch-diagnostischen Interesse des Doktors.

Psychologisch ist Woyzecks Schock nicht ganz plausibel, da der Hauptmann ihm eigentlich nichts Neues mitteilt. Dessen Anspielungen können für Woyzeck nur die Bestätigung einer längst bestehenden Gewissheit sein (vgl. Szene 7). Diese Unstimmigkeit ist jedoch nicht Büchner anzulasten, sondern beruht darauf, dass der zweite Szenenabschnitt aus einer anderen Entwurfsstufe in die Leithandschrift H4 hineinmontiert ist.

Die Szene endet mit einem selbstmitleidigen und allegorisch-verworrenen Monolog des Hauptmanns, der den Abgang der beiden anderen Figuren kommentiert. Mit „Blitz" ist Woyzeck gemeint, dem der Bildbereich des Scharfen, Schneidenden zugeordnet ist (vgl. das „offne[ ] Rasiermesser", 22,8 f.; „er ersticht mich mit seinen Augen", 23,8 f.); „Donner" bezieht sich auf den Doktor, der dem Blitz folgt, d. h. Woyzeck „hinterdrein" (23,27 f.) läuft. Darüber hinaus artikuliert der Hauptmann einmal mehr sein verquastes Ideal eines verschwommenen Gutmenschentums.

Die Szene steigert und verschärft den bestehenden Konflikt zwischen Woyzeck und Marie.

10. Hof des Professors (S. 24 f.)

An der nächsten Station seines Arbeitsrundgangs assistiert Woyzeck einem satirisch-karikaturhaft gezeichneten Professor, der seinen Studenten mit prätentiösen, pseudophilosophischen Worthülsen das triviale Experiment ankündigt, eine Katze aus dem Fenster zu werfen, um zu sehen, wie das Tier reagiert. Woyzeck, der die Katze anscheinend aufgefangen hat, bekommt einen Schwächeanfall. Der ebenfalls anwesende Doktor funktioniert den Versuch um, indem er den Studenten Woyzeck als Demonstrationsobjekt vorführt: Er lässt seinen Puls fühlen und fordert ihn auf, mit den Ohren zu wackeln, um an ihm die „Übergänge zum Esel" zu demonstrieren (25,10).

Indem sie die Frage nach der Grenzlinie zwischen Mensch und Tier aufgreift, knüpft die Szene an Szene 3 an; indem sie Woyzeck zum Versuchsobjekt degradiert, an Szene 8.

11. Wachtstube (S. 25 f.)

Wohl am frühen Nachmittag tun Woyzeck und Andres Dienst auf der Wachtstube. Von fern klingt Musik von einem Tanzvergnügen herüber. Der Argwohn treibt Woyzeck hinaus, er verlässt seinen Dienstposten.

Die Szene bedeutet eine weitere Steigerung – Woyzecks Misstrauen sucht nach Bestätigung – und leitet über zur nächsten.

12. Wirtshaus (S. 26 f.)

Woyzeck hat sich zum Ort des Tanzvergnügens begeben. Vor dem Wirtshaus faseln zwei betrunkene Handwerksburschen sentimental. – Durch das Fenster der Gaststube erblickt Woyzeck Marie und den Tambourmajor eng umschlungen beim Tanz. Maries Aufforderung, „immer zu" weiterzutanzen (27,10), dringt an sein Ohr und verfestigt sich bei ihm zur fixen Idee, die ihn umtreibt und das Leitmotiv für den Fortgang der Handlung bildet. Biblische Weltuntergangsvisionen drängen sich ihm auf. – Eine Predigtparodie des ersten Handwerksburschen, in der biblische Floskeln aneinandergereiht und naturteleologische Ideen (Vorstellungen von der Zweckmäßigkeit der Natur) karikiert werden, beschließt die Szene.

Indem Woyzeck Zeuge der Hingabe Maries an den Tambourmajor wird, erreicht der Konflikt einen weiteren Höhepunkt.

13. Freies Feld (S. 28)

Woyzeck hat den Ort des Tanzvergnügens verlassen und befindet sich auf „freie[m] Feld" (28,3). Aus seinem kurzen Monolog wird deutlich, dass Maries Worte ihn nun als innere Stimme bedrängen. Aus dem Boden und vom Wind halluziniert er die Aufforderung, Marie zu erstechen.

Die Handlung spitzt sich weiter zu, und das Mordmotiv beginnt sich abzuzeichnen.

14. <Zimmer in der Kaserne> (S. 28)

Die Stimmen bedrängen Woyzeck auch in der Nacht, die er schlaflos verbringt. Andres versucht ihn zu beruhigen und empfiehlt ihm ein medizinisches Hausmittel. – Die Zuspitzung setzt sich fort.

15. Wirtshaus (S. 29)

Im Wirtshaus protzt der betrunkene Tambourmajor mit seiner Körperkraft. Als Woyzeck seine rüde Aufforderung zu trinken ignoriert, kommt es zu einem Ringkampf, in dem Woyzeck unterliegt.

Dies bedeutet den endgültigen Wendepunkt. Da Woyzeck seinem Konkurrenten nicht beikommen kann, sieht er nur noch die Option, die ihm die Stimmen in den Szenen 13 und 14 zugeflüstert haben, sich am schwächsten Glied der unseligen Konstellation zu rächen: an Marie. Mit seiner Bemerkung nach der Niederlage: „Eins nach dem andern" (29,24) greift er die Ermahnung des Hauptmanns auf, „hübsch langsam" zu machen (5. Szene: 17,20). Von nun an wird Woyzeck seinen Mordplan mit unaufhaltsamer Konsequenz ins Werk setzen.

16. <Trödlerladen> (S. 29 f.)

Sein erster Schritt besteht darin, sich bei einem jüdischen Kleinhändler das Mordwerkzeug zu besorgen: ein Messer, geeignet, einem Menschen „den Hals mit ab[zu]schneiden" (30,1 f.).

17. <Maries Kammer> (S. 30 f.)

Inzwischen wird Marie von Schuldgefühlen geplagt. Sie sitzt in ihrer Kammer und sucht Trost in der Bibel. Dabei stößt sie im Neuen Testament auf Stellen, die auf ihre Situation passen. Die erste zeigt den Kontrast auf zwischen ihrem sündhaften Verhalten und dem sündelosen Jesus, „in dessen Mund sich kein Betrug fand" (1. Petr 2,22). Die zweite berichtet, wie Jesus auf einen Fall reagiert, der dem ihren ähnlich ist: Er verzeiht einer Ehebrecherin und ermahnt sie, fortan nicht mehr zu sündigen (Joh 8,3–11). Doch dazu ist Marie außerstande. Auch zum Glauben fehlt ihr die Kraft, im Gegensatz zur Sünderin der dritten Bibelstelle, die sie aufschlägt (Lk 7,37 ff.). In ihrem Inneren ist „[a]lles tot" (31,2).

Eine bisher nicht in Erscheinung getretene Figur, der „Narr",
erzählt dem Kind Märchenfetzen, die in gleichnishafter Beziehung zum Fortgang der Handlung stehen und die Funktion der
Vorausdeutung haben.

18. Kaserne (S. 31)

Woyzeck ist nun zum Mord an Marie entschlossen und vermacht
seinem Stubenkameraden Andres seine wenigen Habseligkeiten:
ein „Karmisolchen" (eine Weste), ein Kreuz, einen Ring und ein
Heiligenbild (31, 8 ff.). Dann zieht er eine Lebensbilanz, indem
er seine persönlichen Daten aus seinem Militärpass vorliest: Namen, Dienstgrad, Geburtsdatum und Lebensalter. Andres glaubt,
dass Woyzeck im Fieber handelt, und wiederholt seinen haus-
medizinischen Ratschlag aus Szene 14 (vgl. 28, 22 f.). Die Formu-
lierungsvariante „das tödt das Fieber" (31, 26 f.) nimmt Woyzeck
als Vorausdeutung auf den Tod eines Menschen.

19. Vor der Haustür (S. 32 f.)

Die Szene besteht aus drei in sich geschlossenen Abschnitten:
   Marie spielt „mit Mädchen vor der Haustür" (32, 3) einen
Ringelreihen.
   Die Rolle, zu erzählen, kommt an die Großmutter. Sie trägt ein
Märchen vor, das Motive aus verschiedenen Märchen der Brüder
Grimm kombiniert. Wie in *Sterntaler* geht ein armes Kind, das
weder Vater noch Mutter hat, in die Welt hinaus; im Unterschied
zum Grimmschen Märchen gibt es jedoch keinen versöhnlichen
Ausgang. (In *Sterntaler* regnen die Sterne als blanke Taler herab,
das Kind braucht sie nur noch aufzusammeln.) Wie im Märchen
von den *Sieben Raben* begibt sich das Kind zum Mond, zur Sonne
und zu den Sternen. Im Märchen der Großmutter erweisen sich
die Himmelskörper aus der Nähe als trügerischer Schein, und
auch die Erde stellt sich als Trugbild heraus. Das Kind bleibt völlig verlassen und weinend zurück. – Diese „Allegorie der Einsam-

keit" fasst „metaphorisch die Situation im Drama zusammen" (Albert Meier, *Georg Büchner: ,Woyzeck'*. München 1980 [Text und Geschichte. Modellanalysen zur dt. Literatur 1], S. 62). So wird auf das Schicksal Christians, Maries und Woyzecks kleinem Sohn, vorausgedeutet und Woyzecks Isolation allegorisch dargestellt.

Unvermittelt tritt Woyzeck auf, um Marie abzuholen, die ihm nicht ohne böse Ahnungen folgt.

20. <Freies Feld> (S. 33 f.)

Woyzeck und Marie befinden sich außerhalb der Stadt. Marie möchte zurück, aber Woyzeck lässt sie nicht. Am Zielpunkt seines Racheplans hat er die Initiative in der Hand: Er fordert auf (33,12), weist zurück (33,14), fragt (33,16 und 18), macht dunkle, unheimliche Anspielungen (33,20 ff. und 29), die sich zu Drohungen steigern (33,24 f. und 29). Ein Gesprächsstillstand tritt ein (33,27), und beim Neubeginn beschleunigt sich die Handlung. Das Stichwort „rot" (33,28), das Marie gibt, assoziiert Woyzeck mit „blutig" (33,29). Darauf schreitet er zur Tat: Er sticht so lange auf Marie ein, bis sie tot ist. Als sich Spaziergänger nähern, flieht Woyzeck vom Tatort.

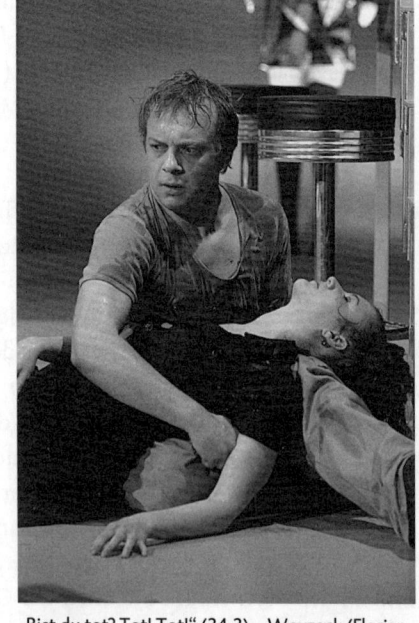

„Bist du tot? Tot! Tot!" (34,3) – Woyzeck (Florian Wegner) nach dem Mord an Marie (Friederike Butzengeiger). Landesbühne Sachsen-Anhalt Eisleben 2008/09. Regie: Ulrich Fischer

21. <Freies Feld> (S. 34)
Aus unmittelbarer Nähe werden zwei Passanten Ohrenzeugen des Mords. Der eine möchte den schaurigen Ort verlassen, der andere beharrt darauf, der Sache nachzugehen, und setzt sich durch.

Die Szene spielt simultan zur vorhergehenden; ein identisches Geschehen wird aus veränderter Perspektive dargestellt. Rezeptionspsychologisch ist dieser Wechsel notwendig, damit der Zuschauer Zeit bekommt, die Katastrophe zu verarbeiten.

22. Wirtshaus (S. 34 f.)
Woyzeck betäubt sich in der Betriebsamkeit eines Wirtshauses und singt, zum ersten und einzigen Mal im Stück, ein frivoles Lied – dasselbe, das Andres in der 11. Szene gesungen hatte, als die Tanzmusik in die Wachtstube herüberscholl. Er lässt sich von Käthe, einer der anwesenden Damen, unterhalten. Diese bemerkt jedoch Blut an seiner Hand und Kleidung. Auch der Wirt und die Gäste werden misstrauisch. Woyzeck verwickelt sich in Widersprüche und verlässt das Gasthaus. Wie schon in der 17. Szene ist der Narr anwesend und gibt ein anspielungsreiches Märchenzitat von sich.

Es schließt sich eine Folge von fünf Kurzszenen an, die das Geschehen nach der Mordtat in schnellem Perspektivwechsel staccatoartig zum offenen Ende führen:

23. <Stadt> (S. 36)
In der Art eines Botenberichts berichtet ein Kind einem anderen die Neuigkeit, dass vor der Stadt eine Tote gefunden wurde. Die Nachricht vom Mord hat sich also bereits herumgesprochen. Die beiden beschließen, zum Tatort zu laufen.

24. <Freies Feld> (S. 36)
In erneutem Perspektivwechsel bringt die Szene, wie auch die folgende, einen Monolog Woyzecks, der zum Tatort zurück-

gekehrt ist. Bei seiner eiligen Flucht hatte er das Messer liegen-
lassen, das er nun an sich nimmt. Als sich Leute nähern, eilt er
davon.

25. Teich (S. 37)

Woyzeck wirft das Messer in einen Teich und wäscht die Blut-
flecken aus seiner Kleidung.

26. <Freies Feld> (S. 37)

Am Tatort hat sich die Mordkommission eingefunden: Gerichts-
diener, Barbier (Der Berufsstand umfasste bis ins 19. Jahrhundert
nicht nur die Tätigkeit des Friseurs, sondern auch die des Chirur-
gen.), Arzt und Untersuchungsrichter. Mit der Freude des Polizei-
dieners über den „schöne[n] Mord" (37,15 f.) kommt die krimi-
naltechnische Sicht zur Geltung. Der Wechsel der Perspektive
bildet – rezeptionspsychologisch wiederum notwendig – ein Ge-
gengewicht zur Gefühlsintensität der beiden vorangegangenen
Szenen.

27. <Stadt> (S. 37 f.)

Woyzeck ist, noch völlig durchnässt, zu seinem Kind gelaufen,
das instinktiv vor ihm zurückschaudert. Der Narr, wiederum
entlarvende Außenseiterfigur, wiederholt litaneiartig den Satz
„Der ist ins Wasser gefallen", der sich sowohl auf Woyzeck selbst
wie auf die Tatwaffe beziehen kann. Auch er lässt deutliche
Abwehr gegenüber Woyzeck erkennen. Am Ende siegt jedoch
die Aussicht auf Genuss über die böse Ahnung: Der Narr und
das Kind laufen „jauchzend" (38,6) davon, um den Lebkuchen
zu kaufen, für den Woyzeck das Geld gegeben hat. Aber auch das
fröhliche Davonlaufen ist doppelsinnig, entfliehen die beiden
doch zugleich der Aura eines Mörders.

Textanalyse und Interpretation

1 Die Figuren des Dramas

Woyzeck

Woyzeck ist einfacher Soldat und steht damit, wie der Ausrufer in der Jahrmarktsszene sagt, auf der „unterst Stuf von menschliche Geschlecht" (3. Szene: 12,23 f.). Wie Marie und Andres gehört er zur Schicht der „arme[n] Leut[e]" (5. Szene: 16,29), die am Rand der Gesellschaft leben.

Das **Bewusstsein ihres sozialen Ortes** ist für Woyzeck und Marie eine bedrückende Erfahrung. Das geht aus ihrer Selbstcharakterisierung hervor: „Wir arme Leut" (Woyzeck: 4. Szene: 15,5; 5. Szene: 16,29), „[…] ich bin ein armer Kerl" (Woyzeck: 5. Szene: 17,14 f.); „ich bin ein armer Teufel" (Woyzeck: 9. Szene: 22,33), „ich bin nur ein arm Weibsbild" (Marie: 4. Szene: 14,21); „[b]ist doch nur en arm Hurenkind" (Marie: 2. Szene: 10,23 f.). Solche Feststellungen ziehen sich **leitmotivisch** durch das ganze Stück. Marie besitzt nur „ein Stückchen Spiegel" (4. Szene: 14,5), ihr kleiner Sohn hat kein Bett, sondern muss in unbequemer Stellung auf einem Stuhl schlafen (15,3). Woyzecks wenige Habseligkeiten sind schnell aufgezählt: eine Weste, ein Kreuz, ein Ring und ein Heiligenbild (18. Szene: 31,8 ff.).

Trotz **pausenloser Hetze** kann er sich aus seiner kümmerlichen Lage nicht befreien. Hinzu kommt, dass er nicht nur sich selbst ernähren muss, sondern auch Marie und das Kind. Dazu reicht sein Sold bei Weitem nicht aus. Berechnungen haben ergeben, dass ein „gemeiner Infanteriesoldat […] täglich 7 Kreuzer" an Wehrsold bekam, dazu freie Unterbringung in der Kaserne und eine Brotration (EuD, S. 193 f.). Für die notwendigsten täglichen

Nahrungsmittel benötigte eine Person Mitte der 1830er-Jahre jedoch etwa fünf Kreuzer. Woyzeck ist also gezwungen, hinzuzuverdienen. Das tut er, indem er den Hauptmann rasiert (4. Szene: 15, 16 f.), sich dem Doktor für „zwei Groschen täglich" als Versuchsobjekt zur Verfügung stellt (8. Szene: 19, 8) und dem Professor bei Vorlesungen assistiert (10. Szene: 24 f.).

Aus Büchners Drama lässt sich Woyzecks Tagesablauf wie folgt rekonstruieren: Am Morgen stattet er zunächst Marie einen Besuch ab, um sie mit Geld zu versorgen (4. Szene: 15, 5 ff.; zusätzlich besucht er sie noch am Abend, 2. Szene: 11, 8–24; 4. Szene: 15, 9; oder geht mit ihr aus: 3. Szene). Dann beginnt er seine Runde zu den oben genannten Nebenbeschäftigungen, anschließend erfüllt er seine Aufgaben als Soldat (1. Szene: Schneiden von Stöcken; 11. Szene: Wachtdienst) und übernachtet in der Kaserne (14. Szene). Eine Heirat mit Marie liegt außerhalb des Möglichen, da er das für eine Eheschließung vorgeschriebene Vermögen nicht aufbringen kann (vgl. 5. Szene: 16, 29 f.). So bleibt es bei der unehelichen Beziehung und dem unehelichen Kind.

Auf der untersten Stufe der militärischen Rangordnung – der einzige Gleichgestellte ist Andres – wird er **von allen gedemütigt**. Vom Hauptmann, von dem er dienstlich abhängig ist, wird er verbal schikaniert und auf das „Jawohl"-Sagen reduziert. Der Tambourmajor spannt ihm seine Geliebte aus und lässt ihn seine körperliche Überlegenheit spüren. Der Doktor treibt ihn durch die 90-tägige Erbsendiät physisch (10. Szene: 24, 32 f.; 25, 11 ff.) und psychisch (8. Szene: 20, 18 ff.) in den Ruin und demütigt ihn als Demonstrationsobjekt, um die Nähe des Menschen zum Tierreich aufzuzeigen (10. Szene: 25, 9 f.). Auch von Marie, deren sinnlichem Bedürfnis er nicht genügen kann, wird er betrogen und belogen (4. Szene: 14, 28 ff.; 7. Szene). So wird der gehetzte und gedemütigte Woyzeck zum **Verlierer „auf der ganzen Linie"** – ein Leidensdruck, dem er nicht mehr standhalten kann, als er mit Marie auch noch den letzten Halt verliert, der ihm geblieben war

(9. Szene: 22, 33 f.). Seine Eifersucht ist auslösendes Moment der Katastrophe, deren wahre Ursachen in den **entwürdigenden Lebensbedingungen eines Geschundenen** liegen.

Dass der physische und psychische Abbau Woyzecks durch das Ernährungsexperiment des Doktors beschleunigt, wenn nicht sogar maßgeblich verursacht wird, liegt auf der Hand. Die Symptome werden vom Doktor, wo immer möglich, mit Aufmerksamkeit registriert. Zunächst die physischen: ein ungleichmäßiger Puls (9. Szene: 23, 2 f.; 10. Szene: 24, 32), Zittern (24, 21), Schwindelanfälle (24, 34), starke Kopfschmerzen (14. Szene: 28, 20 f.), Haarausfall (10. Szene: 25, 11 ff.). Dann die psychischen: das Hören von inneren und äußeren Stimmen (8. Szene: 20, 10 ff.; 13. Szene: 28, 5 ff.), Weltuntergangsvisionen (1. Szene: 9, 24 ff.; 12. Szene: 27, 14 ff.), Verfolgungswahn und Furcht vor unterirdischen Kräften, den „Freimaurern" (1. Szene: 9, 17 ff.). All das sind Symptome, die auf eine **schwere Psychose** hinweisen.

„Soll ich? Muss ich? Hör ich's da noch, sagt's der Wind auch? Hör ich's immer, immer zu, stich tot, tot." (28, 8 f.) – Paul Burian als Woyzeck. Inszenierung von Michael König an der Schaubühne am Halleschen Ufer, Berlin 1981

Dabei ist die Titelfigur des Dramas gegenüber dem historischen Woyzeck noch vergleichsweise gut gestellt (siehe oben: *Büchners Quellen – Der historische Woyzeck,* hier S. 8 ff.), befindet sie sich doch nicht auf der alleruntersten Stufe sozialen Elends wie das arbeitslose, vagabundierende, hungernde und bettelnde historische Vorbild.

Überhaupt hat Büchner die historischen Vorgaben nicht unverändert gelassen. Der historische Woyzeck war 41 Jahre, als er den Mord beging; Büchners Woyzeck ist 30 Jahre alt. Das reale Vorbild war ein lediger Obdachloser, der literarische Woyzeck ist „kasernierter Familienvater im ‚Quasi-Ehestand'" (Hauschild 2004, S. 146). Der Protagonist des Dramas wird von einem deutlich überlegenen Rivalen ausgestochen, der reale Woyzeck war nur eine von vielen Männerbekanntschaften seiner Geliebten. Die Geliebte des historischen Woyzeck war eine 46-jährige, keineswegs attraktive Gelegenheitsprostituierte, die des literarischen ist eine attraktive junge Frau. – Büchners Drama ist also kein Dokumentarstück, keine dramatisierte Geschichtsstunde, sondern ein künstlerisch geformtes Produkt, das den Erfordernissen des Dramas Rechnung trägt, indem es dem vorgefundenen Stoff Prägnanz verleiht, die Konstellationen schärft und die Plastizität der Aussage steigert.

Woyzeck im Beziehungsgeflecht der umgebenden Figuren

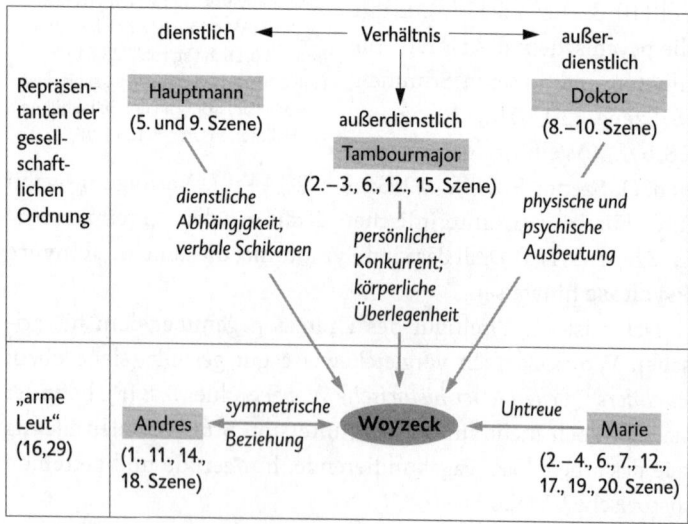

Marie

Marie steht mit ihrer attraktiven Erscheinung, ihrem Bedürfnis nach sinnlicher Erfüllung und unbedingter Hingabe im Gegensatz zum redlichen, grüblerischen, physisch und psychisch angeschlagenen Woyzeck. Ihr schwarzes Haar und ihre schwarzen Augen erregen sofort die Aufmerksamkeit des erfolgsgewohnten Tambourmajors (3. Szene: 12, 32 ff.). Marie ist sich ihrer Wirkung sehr wohl bewusst. Sie weiß, dass ihr „rote[r] Mund" dem der „großen Madamen" in nichts nachsteht (4. Szene: 14, 18 ff.; 7. Szene: 18, 19). Ihre Lippen sind Ausdruck ihrer **Sinnlichkeit**, deren Verführungskraft sich auch Woyzeck schwer entziehen kann. Für ihn ist Marie, als sie ihn mit dem Tambourmajor betrügt, „schön wie die Sünde" (7. Szene: 18, 20) und „heiß" (12. Szene: 27, 18; vgl. auch 20. Szene: 33, 21 ff.).

Empfänglich für Sensationen (3. Szene: 14, 1 f.) und schönen Schein (4. Szene: 14, 7 ff.), ist Marie von dem **Wunsch** erfüllt, **der bedrückenden Enge ihrer Verhältnisse in eine Welt des Glanzes zu entfliehen**, die für sie der Tambourmajor repräsentiert. Bei der Erfüllung ihrer Bedürfnisse nimmt sie **keine Rücksicht auf bürgerliche Konventionen**. Als Geliebte Woyzecks und Mutter eines unehelichen Kindes verfällt sie dem moralischen Diktum bürgerlicher Wohlanständigkeit, wie es das Urteil Margreths (2. Szene: 10, 19 ff.) und des Garnisonspredigers (5. Szene: 16, 19 ff.) zeigen. Marie muss es hinnehmen, als Hure angesehen zu werden (2. Szene: 10, 23 ff.) – ein Vorwurf, den ihr auch Woyzeck nicht erspart (20. Szene: 33, 21), obwohl er für ihren bürgerlichen Ruf mitverantwortlich ist.

Marie ist intensiver Gefühle fähig und, wenn sie einmal entflammt ist, **bereit, sich ganz dem Augenblick hinzugeben**. Dies zeigt die Begegnung mit dem Tambourmajor auf der Gasse (6. Szene). Ohne an die Folgen zu denken, tritt sie ihm in der Öffentlichkeit sinnlich-fordernd gegenüber (18, 6 und 8), zollt seiner imposanten Erscheinung Bewunderung (17, 25 ff.), reagiert mit Spott auf seine Anwandlung von Eitelkeit (17,33) und mit Verstimmung, wenn er sie in plumper Begierde als Gebärmaschine taxiert (18,4). Dieses Spektrum von Äußerungsformen ist Ausdruck einer **komplexen, selbstbewussten Persönlichkeit**, die nicht Gefahr läuft, sich in der Hingabe an die bewunderte Person zu verlieren.

Gegenüber Woyzeck, der von der Begegnung genug mitbekommen hat, um misstrauisch zu werden, verlegt sie sich nach anfänglichem Erschrecken aufs Leugnen (7. Szene: 18,24 ff.); sie ist die einzige Figur im Stück, die **lügt** (so auch schon in der 4. Szene: 14,30). Ihre Grenzüberschreitungen bürgerlicher Moral trägt sie mit **Fatalismus** (4. Szene: 15,11 f.; 6. Szene: 18,8; 7. Szene: 18,31).

Kehrseite ihrer Sinnlichkeit und ihrer Bereitschaft zur Hingabe ist die Zerknirschung und Reue über ihre Undankbarkeit

Woyzeck (Peter Moltzen) und Marie (Fritzi Haberlandt). Thalia-Theater Hamburg 2003. Regie: Michael Thalheimer

gegen Woyzeck (4. Szene: 15,10 ff., 17. Szene). Dass sie sich in der Ehebrecherin des Neuen Testaments wiederfindet, rückt sie dem Typus der „schönen Sünderin" nahe und zeigt andererseits, dass Treue für sie ein Wert ist. Nur kann sie ihm nicht Genüge tun, da sie dem Drang nach erfülltem Dasein nicht widersteht.

Indem Marie das Konzept der **Selbstverwirklichung** auch gegen gesellschaftliche Konventionen verfolgt, wirkt sie **unangepasst** und in gewisser Weise **modern**. Vom Typus gehört sie eher zum Tambourmajor als zum schwermütigen und puritanisch-strengen Woyzeck.

Tambourmajor

Der Tambourmajor ist Korrespondenzfigur zu Marie und Kontrastfigur zu Woyzeck. Mit Marie verbinden ihn die **Attraktivität** der äußeren Erscheinung und die **Sinnlichkeit**. Woyzeck ist er in doppelter Hinsicht **überlegen**: vom militärischen Rang und gesellschaftlichen Status her – als Unteroffizier ist er dem einfachen Soldaten übergeordnet und kann es sich leisten, Marie ein verhältnismäßig kostbares Geschenk zu machen (4. Szene: 14,7 ff.) – sowie in der äußeren Erscheinung (2. Szene: 10,7 f.; 6. Szene: 17,25 ff.) und Körperkraft (15. Szene).

Seiner Wirkung ist er sich wohlbewusst, und seine Eitelkeit ruft Maries Spott hervor (6. Szene: 17,33). Als Fraueneroberer versteht er es mit einer Mischung aus **Draufgängertum** und **Galanterie**, sein Ziel zu erreichen (3. Szene: 12,32 ff.). Der den Spielmannszug beobachtenden Marie fällt er sofort ins Auge, wie auch umgekehrt sie ihm auffällt (2. Szene: 10,8 f.). Ausgerechnet beim Jahrmarktsbesuch, der Woyzecks einziges glückliches Erlebnis zu sein scheint (3. Szene: 12,2 f.), kommt es zur Annäherung zwischen ihnen. Dort nutzt er die Gelegenheit, sich großspurig in Szene zu setzen, indem er seine materielle Wohlgestelltheit herauskehrt (13,34 f.) und Marie beim Platzwechsel galant zu Hilfe kommt (14,2). – Dem steht der Lesetext scheinbar entgegen, da an den beiden angegebenen Stellen der **Unteroffizier** handelt und nicht der Tambourmajor. Die Textpassage 13,10–14,2 ist jedoch aus H1,2 eingefügt, und in dieser Entwurfsfassung kommt die Figur des Tambourmajors gar nicht vor. Dessen Rolle wird dort noch vom Unteroffizier eingenommen. Die „kombinierte Werkfassung" des Stückes teilt denn auch die Rolle dem Tambourmajor zu (Poschmann, S. 151).

Mit dem Schmuckgeschenk beeindruckt er Marie (4. Szene), und bei einer Begegnung – vermutlich in einer Gasse der Stadt (vgl. 7. Szene: 18,23 und 27; 9. Szene: 22,28 ff.) – kann er ihr gegenüber seine körperlichen Vorzüge voll zur Geltung bringen.

„Wenn ich am Sonntag erst den großen Federbusch hab' und die weißen Handschuh, Donnerwetter, Marie, der Prinz sagt immer: Mensch, er ist ein Kerl." (17,29 ff.) – Simon Bauer als Tambourmajor am Deutschen Theater Berlin 2008. Regie: Philipp Preuss

Das wechselseitige Begehren lässt die beiden jede Vorsicht vergessen. Bei einem Tanzvergnügen – wohl noch am selben Nachmittag – wird das Verhältnis noch intimer (12. Szene: 27,19 f.).

Galant gegenüber Frauen, gibt sich der Tambourmajor Männern gegenüber **aggressiv**. So schüchtert er die Anwesenden im Wirtshaus mit seiner Körperkraft ein und lässt Woyzeck spüren, was es bedeutet, sich ihm zu widersetzen (15. Szene).

So ist der Tambourmajor **in allem gegensätzlich zu Woyzeck**: in der Positur, im Erscheinungsbild, in seiner Verführungskraft für das andere Geschlecht, in seinem Draufgängertum, seiner Körperkraft, seiner Oberflächlichkeit und seiner sexuellen Begierde. Woyzecks Bescheidenheit, seine Redlichkeit, sein Hang zum Grüblerischen und sein – zumindest nach der 90-tägigen Erbsendiät – unattraktives Erscheinungsbild (10. Szene: 25,11 ff.) lassen ihn dagegen unauffällig erscheinen.

Als Figur ohne Eigennamen gehört der Tambourmajor zu den **typenhaft** gezeichneten Figuren. Als Draufgänger und Frauenverführer ist er reduziert auf den Aspekt der Körperlichkeit und bringt so – neben Hauptmann und Doktor – auf seine Weise die gesellschaftlichen Unterdrückungsmechanismen zur Geltung.

Andres

Andres ist wie Woyzeck einfacher Soldat, sein Stubenkamerad und Bettgenosse (14. Szene). Gemeinsam gehen sie nebenberuflichem Erwerb nach, indem sie Stöcke schneiden (1. Szene). Andres ist es auch, dem Woyzeck seine Habseligkeiten vermacht. Er ist seine **Vertrauensperson** und die einzige Figur im Drama, die Woyzeck nicht unter Druck setzt, sich ihm im Statusspiel zeitweise sogar unterordnet. So nimmt er Woyzecks übernatürliche Wahrnehmungen fraglos hin und lässt sich von dessen bedrückenden Gefühlen sogar anstecken (1. Szene: 9, 20 und 28).

Das Gegebene nimmt er naiv und unhinterfragt hin. Woyzecks grüblerische Haltung ist seinem **gesunden Menschenverstand** fremd. Als Helfer für Woyzecks angegriffenen physischen und psychischen Zustand wäre er überfordert. Auf dessen psychotische Störungen weiß er nur mit einem medizinischen Hausmittel zu antworten (14. Szene: 28, 22 f.; 18. Szene: 31, 25 ff.).

Sein **schlichtes Gemüt** äußert sich im **Singen von Volksliedern** (1. und 11. Szene). Darin trifft er sich mit anderen Figuren des Dramas, die zur Schicht der „arme[n] Leut" (5. Szene: 16, 29) gehören. Nur diese singen Volkslieder: Marie (2. und 4. Szene), die beiden Handwerksburschen (12. Szene), die Mädchen (19. Szene) und Käthe (22. Szene). Woyzeck bildet einen Sonderfall. Erst als er sich nach dem Mord an Marie in der Gaststätte abreagiert, singt er, und zwar dasselbe Lied wie Andres in der 11. Szene. Bei ihm ist das Lied jedoch kein Ausdruck eines schlichten Gemüts, sondern es hat eine Ventilfunktion: Für Woyzeck ist es Ausdruck der Befreiung nach vollbrachter Tat. Er betäubt sich, indem er sich in den Trubel des Wirtshauses stürzt. Im Singen offenbart sich hektische Aufgedrehtheit.

Doktor

Der Doktor ist eine der nicht-individualisierten, typisierten Figuren. Typische Verhaltensweisen und Eigenschaften – hier des Berufsstands der Ärzte – finden sich bei ihm in zugespitzter, reiner Form. Abgesehen wird von allen anderen Eigenschaften, wie Menschen sie normalerweise haben. Der Doktor steht für den **Typus des zynischen Mediziners**, der sich nicht für Menschen interessiert, sondern für Symptome. In seinen mitleidlosen Diagnosen **verabsolutiert** er den **Standpunkt wissenschaftlicher Objektivität**. Das ist für ihn die einzige Art, der Welt zu begegnen. Sein Verhältnis zu Lebewesen ist verdinglicht, für ihn stellen sie lediglich „interessante[ ] Fälle[ ]" (9. Szene: 21,24) zu Diagnose- oder experimentellen Zwecken dar (8. Szene: 19,33 ff.; 9. Szene: 21,16–27; 23,2 f. und 11 f.). Dem Hauptmann und dem „Subjekt Woyzeck" (20,29 f.) gegenüber verhält er sich rücksichtslos und ohne Einfühlung. Auch zu sich selbst unterhält er diese verdinglichte Beziehung, indem er sich als wissenschaftliches Beobachtungsobjekt nimmt (8. Szene: 19,27 ff.). Sein **emotionales Defizit** und sein schneidender **Sarkasmus** geben ihm den Anschein der Überlegenheit (8. Szene: gegenüber Woyzeck; 9. Szene: gegenüber dem Hauptmann; 10. Szene: gegenüber den Studenten). Er verschanzt sich für andere unangreifbar hinter medizinischer Fachsprache.

Andererseits ist sein Erkenntnisinteresse nicht frei von der Eitelkeit, in seiner Wissenschaft Aufsehen zu erregen (8. Szene: 19,19 f.). So ist der Doktor eine einsame Figur, sich selbst genügend und von schneidend kaltem Intellekt.

Sein Forschungsgebiet scheint einesteils im Bereich der Zoologie zu liegen, genauer im Bereich der niederen Lebewesen. In H2,6 finden sich deutliche Hinweise darauf, von denen in H4,8 nur die Anspielung auf den „Proteus" (19,35) geblieben ist. Wichtiger für das Stück ist aber das **ernährungsphysiologische Experiment**, das der Doktor **mit Woyzeck** durchführt.

Dieser darf sich „ein[ ] Vierteljahr" (10. Szene: 24, 31) lang von nichts anderem als von Erbsen ernähren. Der Doktor analysiert täglich die chemische Zusammensetzung des Urins, den Woyzeck ihm jeden Morgen abliefern muss, und misst seinen Puls.

Dieses Experiment ist keineswegs nur eine skurrile Idee zum Zweck satirischer Figurenzeichnung, wie die ältere Büchnerforschung annahm. Vielmehr spielt es auf ein Forschungsprojekt an, wie es in verschiedenen Ländern Europas in der ersten Hälfte des 19. Jahrhunderts durchgeführt wurde. Dahinter stand das nationalökonomische Interesse, Nahrungsmittel zu finden, die für die ärmeren Schichten und das Militär als Ersatz für die teurere Fleischkost dienen konnten. So wurde in aufwendigen Versuchsreihen erprobt, ob z. B. Gelatine bzw. eine Mischung aus Gelatine und Hülsenfrüchten als Billignahrung geeignet war.

Die freudige Überraschung des Doktors, als er bei Woyzeck eine partielle psychische Störung als Folge der Erbsendiät diagnostiziert (8. Szene: 20,18 f.), macht ihn als Vertreter der zeitgenössischen Theorie kenntlich, dass Störungen der Psyche durch somatische Krankheiten verursacht würden.

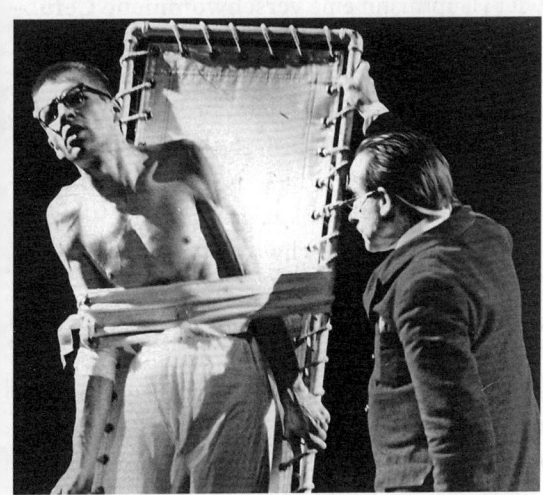

Tobias Langhoff als Woyzeck mit Christoph Bantzer als Doktor in Büchners *Woyzeck* im Mai 1990 am Hamburger Thalia-Theater in der Inszenierung von J. Flimm

Vorbild für die Figur des Doktors war der Gießener Botaniker, Zoologe und Anatom **Johann Bernhard Wilbrand**, dessen Vorlesungen Büchner im Rahmen seines Medizinstudiums in Gießen aller Wahrscheinlichkeit besucht hat. Darauf deuten sowohl das äußere Erscheinungsbild (vgl. die Randzeichnung in H2,7, *Interpretationshilfe*, S. 26) als auch charakteristische Redewendungen (10. Szene: 25,9 f.) hin. Auch Wilbrand vertrat das Menschenbild der idealistischen Naturphilosophie seiner Zeit, die den Menschen als Wesen der Freiheit begriff, wie das auch der Doktor tut (8. Szene: 19,15 f.). Die entwürdigende Demonstration, Woyzeck vor den Studenten mit den Ohren wackeln zu lassen, um seine Nähe zum Tierreich zu demonstrieren, hat ihr Vorbild in Wilbrand, der seinen eigenen Sohn in dieser Weise zum Demonstrationsobjekt herabwürdigte.

Hauptmann

Wie der Doktor ist auch der Hauptmann Vertreter der gesellschaftlichen Ordnungsmacht. Als Charakter ist er aber als Gegensatz zu diesem konzipiert. Dessen kaltem Intellekt und scharfem Zynismus setzt der Hauptmann eine **verschwommene Gefühligkeit** entgegen. Schon im körperlichen Erscheinungsbild wirkt er **unsoldatisch**: „aufgedunsen, fett, dicker Hals, apoplektische [zu Schlaganfällen neigende] Konstitution" (9. Szene: 21,16 f.), wie die Diagnose des Doktors lautet. Dem entspricht sein Wesen: Melancholisch, schreckhaft, empfindlich, ist er fast ausschließlich **mit sich selbst beschäftigt**. Das zeigt auch seine Rhetorik der Wehleidigkeit. Selbstmitleidig schwadronierend, bewegt er ein hohes Vokabular in sinnlos, häufig tautologisch in sich kreisender Bewegung, wobei die Begriffe „Welt", „Ewigkeit", „Moral" und „Tugend" (5. Szene) eine Hauptrolle spielen.

Auch im Gebrauch der Sprechakte steht der Hauptmann im **Gegensatz zum Doktor**, der sich der exakten Sprache der Naturwissenschaft bedient. Sind dessen Äußerungen eher unpersönlich – medizinische Diagnosen und naturphilosophische Theoreme –, so sendet der Hauptmann unausgesetzt Ich-Botschaften aus, die auf Mitleid abzielen, Fassungslosigkeit oder Vorwürfe zum Ausdruck bringen. Rhetorische Fragen, Ausrufe und Appelle sind seine bevorzugten Äußerungsarten. Auffällig ist die Tendenz zur Wiederholung von Wörtern oder Wendungen. Aber was als Eindringlichkeit beabsichtigt ist, wirkt eher betulich (wörtliche Wiederholung: 5. Szene: 16,16 und 17,7 sowie 16 f.; 9. Szene: 21,9 f. und 32; variierende Wiederholung: 5. Szene: 16,35 f.; 17,4 ff.).

Die **theatralische Selbstinszenierung** des Hauptmanns wird auch in den Regieanweisungen deutlich. Als er Woyzeck aufs meteorologische Glatteis führt, wechselt seine Mimik auf knappstem Raum dreimal: erst „pfiffig" (5. Szene: 16,11), dann „gerührt" (16,15), dann „mit Würde" (16,17).

Bei aller **Larmoyanz** kommen immer wieder **boshafte Züge** zum Vorschein, zumal wenn sich die Möglichkeit bietet, Woyzeck zu demütigen und die eigene Überlegenheit zu genießen – so, wenn er Woyzecks vermeintliche Unwissenheit bloßstellt (16,14 f.) oder seine Schadenfreude hinter einem scheinbar gutgemeinten Wink verbirgt (9. Szene: 22,17 ff.). Hinter seiner Anspielung auf Maries Untreue steht nicht die Sorge um Woyzeck, sondern das Bedürfnis, einen späten Triumph einzufahren, hatte der Hauptmann doch in Szene 5 seinen Neid auf die Partnerbeziehung seines Untergebenen nur schlecht verhehlen können. Das verrät die wörtliche Anspielung von 22,30 f. (9. Szene) auf 17,3 (5. Szene) überdeutlich. Die vorgebliche Besorgtheit entpuppt sich als Gehässigkeit. Den verletzten und kopflosen Woyzeck, der sich nur noch durch die Annahme zu helfen weiß, der Hauptmann erlaube sich einen Scherz mit ihm, fährt er in geheuchelter Gekränktheit mit Drohungen an (9. Szene: 23,1 und 7 f.). So macht der Hauptmann unvermittelt immer wieder seinen **Statusanspruch** geltend (vgl. 5. Szene: 16,26 ff.).

Das scheinbar umgängliche Verhalten des Hauptmanns erweist sich als eine andere, indirektere Form **autoritärer Unterwerfung Woyzecks**. Der Doktor und der Hauptmann entmündigen ihn jeweils auf ihre Weise: jener durch medizinische Fachsprache, durch physische und psychische Schädigung; dieser durch verbale Irritation, indem er Woyzeck durch ein unverständliches Gemisch aus Pseudoargumentation, Selbstmitleid, Beschuldigungen, Drohungen und Appellen verwirrt.

Wie der Doktor ist auch der Hauptmann satirisch gezeichnet, aber genauso wenig aus der Luft gegriffen. Die unmartialische Erscheinung von Offizieren war im Großherzogtum Hessen-Darmstadt nichts Seltenes, was der sprichwörtliche Vergleich jener Zeit deutlich macht, jemand habe eine „Hinneigung zu einem Majorsbauche" (EuD, S. 28). Nach der Truppenreorganisation

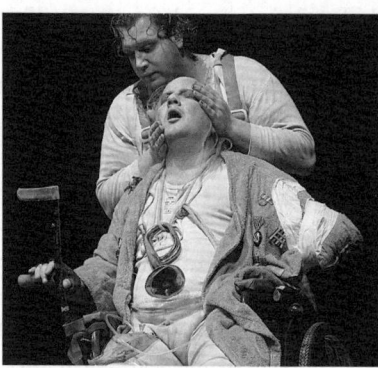

„Er macht mir ganz schwindlich." (15,18) – Der Hauptmann (Holger Kunkel) und Woyzeck (Sierk Radzei) in David Böschs drastischer Inszenierung am Grillo-Theater Essen 2007/08: Büchners Drama als düstere Endzeit-Parabel.

von 1822 war es im Großherzogtum zu einem Beförderungsstau gekommen, sodass ein Offizier frühestens mit 42 Jahren zum Hauptmann befördert werden konnte. Die Langeweile in Friedenszeiten (vgl. 5. Szene: 15,26 ff.) gehörte ebenso zur Realität des Offiziersberufs wie die erzwungene Ehelosigkeit. Um die Genehmigung zur Heirat zu erhalten, musste ein Hauptmann 4 000 Gulden hinterlegen – eine Summe, die sich die wenigsten Offiziere leisten konnten. So erklärt sich der Neid des Vorgesetzten auf Woyzecks uneheliches Verhältnis (16,19 ff.), aber auch sein Hang zum Voyeurismus (16,36 ff.).

2 Die Sprache der Figuren

Die Figuren in *Woyzeck* reden **schichtenspezifisch**. Im Stück sind zwei gesellschaftliche Schichten vertreten: die armen, „einfachen" Leute, die Opfer der Verhältnisse sind, und die Funktionsträger der gesellschaftlichen Ordnung, die die Armen bevormunden und ausbeuten. Dieser Zweiteilung der Gesellschaft entspricht eine Zweiteilung der sprachlichen Codes.

Die Repräsentanten der gesellschaftlichen Ordnung – Hauptmann und Doktor – verwenden **Sprache als Mittel zur Herrschaft** und machen ausgiebigen Gebrauch von **präskriptiven Sprechakten** (Fragen, Aufforderungen, Wertungen, Vorwürfe, Definitionen) sowie **Sprechakten der Selbstdarstellung** (Ich-Botschaften, Ausrufe der Erregung, der Empörung oder der Schadenfreude). Bei ihnen liegt die **Gesprächsinitiative**; sie haben das Recht, ein Gespräch zu beginnen, es zu beenden und die Themen zu bestimmen. Durch Eloquenz und längere Redebeiträge bringen sie ihre **Definitionsmacht** zur Geltung. Der Doktor macht sich durch medizinische Fachsprache und begriffliche Versatzstücke einer idealistischen Naturphilosophie unangreifbar, der Hauptmann durch Hochwertbegriffe – „Ewigkeit", „Moral", „gut" und so fort –, die er als Worthülsen verwendet und in konfuser Argumentation leerlaufen lässt. Er ertränkt sein Gegenüber in Phrasen sentimental-prätentiöser Selbstdarstellung. Das Ergebnis sind Äußerungen folgenden Typs:

- *Es wird mir ganz angst, wenn ich denke, dass [. . .]*
  (zu Woyzeck: 5. Szene: 15,18 sowie 26 und 30 f.;
  zum Doktor: 9. Szene: 21,5 f.);
- *Ich kann kein [. . .] mehr sehen [. . .]* (zu Woyzeck: 5. Szene: 16,1;
  zum Doktor: 9. Szene: 21,13 f. und 30 f.);
- *Ein guter Mensch, der sein gutes Gewissen hat, tut das nicht.*
  (zu Woyzeck: 5. Szene: 16,5 f.; zum Doktor: 9. Szene: 21,9 f.);

- *Ein guter Mensch, ein guter Mensch [. . .]*
(zu Woyzeck: 5. Szene: 16,16; 17,7 und 16 f.;
zum Doktor: 9. Szene: 21,10 und 31 f.);
- *Rennen Sie nicht so [. . .]* (zu Woyzeck: 5. Szene: 17,19;
zum Doktor: 9. Szene: 21,7).

Es stellt sich ein Selbstlauf der Sprache ein, die zu eloquenten Phrasen erstarrt ist und manieriert (gekünstelt) wirkt.

Diesem **uneigentlichen Sprachgebrauch** entspricht die Figurenkonzeption: Alle „anonymen" Figuren sind als **Typen**, als Charaktermasken konzipiert und im Falle des Hauptmanns und des Doktors satirisch überzeichnet.

Die Typen-Figuren sind: *der* Marktschreier, *der* Tambourmajor, *der* Hauptmann, *der* Doktor. Sie sprechen **keine individuelle Sprache, sondern Jargon**. Der Ausrufer/Marktschreier ist aufdringlich. Er bevorzugt Imperative, Ausrufe, rhetorische Fragen. Die Formulierungen sind grell überzeichnet, um das Sensationsbedürfnis des Publikums zu wecken, das durch exzeptionelle Darbietungen befriedigt sein will. Der Tambourmajor ist auf den Aspekt der Körperlichkeit reduziert; er protzt mit seiner äußeren Erscheinung und Körperkraft. Der Hauptmann ist eine Satire auf den romantischen Weltschmerz. Tugend und Moral verhandelt er explizit, aber tautologisch und begriffsleer (5. Szene). Sobald Woyzeck die militärisch-hierarchische Rollenrestriktion auf das bloße „Jawohl"-Sagen aufgibt und zu argumentieren beginnt, zeigt sich der Hauptmann irritiert und hilflos (5. Szene: 16,26 ff.). Sprache dient ihm zur Selbstdarstellung: zum Ausdruck seiner Larmoyanz, seines Selbstmitleids und diffusen Weltschmerzes. Gerade das fordert den Zynismus des Doktors heraus, wenn er dem Hauptmann in der 9. Szene mit betonter Kaltblütigkeit und Drastik eine nur noch begrenzte Lebenserwartung prophezeit. (Gegen Woyzeck sind die beiden in derselben Szene wieder solidarisch: 22,7 ff.). Menschenverachtendes Verhalten legt der Doktor gegen Woyzeck an den Tag. Dieser ist für ihn nur Versuchsobjekt, als solches von geringerem Wert als ein Versuchstier. Verschanzt hinter medizinischem und idealistisch-philosophischem Vokabular, offenbart er die Menschenverachtung eines zynischen Materialismus.

Keiner der Typen-Figuren gelingt es, sich auf die **Ebene kommunikativer Hinwendung, der Anteilnahme** zu begeben: Der Hauptmann bricht das Gespräch ab, sobald Woyzeck auf die bedrängte Lage der armen Leute zu sprechen kommt; der Doktor presst alle abweichenden Verhaltensweisen in ein medizinisch-klassifikatorisches Schema und hält sie so von sich fern. Beide interessiert nicht das Individuelle, das ja immer ihr kommunikatives Gegenüber wäre, sondern nur das **Abstrakte**: das Verhalten *des* „guten Menschen" oder „*die* Ewigkeit" (Hauptmann, 5. Szene) beziehungsweise „*der* Mensch" oder „*die* Wissenschaft" (Doktor, 8. Szene). Zwischenmenschliche Beziehungen sind für sie lediglich formale Größen und haben ihren humanen Gehalt verloren. Für den Doktor ist Woyzeck eine austauschbare Chiffre. Der Heilkunst bedient er sich nicht zum Wohlergehen des Patienten, sondern um in der Wissenschaft Aufsehen zu erregen. Sprache dient ihm als Herrschaftsinstrument.

Hier liegt der entscheidende Unterschied zur Sprachverwendung der **„einfachen" Menschen**. Nicht im Gebrauch hypotaktischer, kalkulierter und wohlgeformter Satzperioden unterscheiden sich die Sprache der Herrschenden und die Sprache der unteren Schicht. Die Äußerungen des Hauptmanns und des Doktors sind genauso durch Ellipsen und Reihungen geprägt wie die Woyzecks oder Maries. Aber deren **Sprache ist nicht Mittel zur Machtausübung**. Entsprechend ihrer sozialen Rolle ist sie knapp, schmucklos, konkret; außerdem dialektal gefärbt. In Not, Ratlosigkeit, Verzweiflung schrumpft sie zum Gestammel, die Äußerungen werden elliptisch bis hin zu Einwortsätzen. Gleichwohl wird das jeweils zu Sagende in der Regel **präzise** ausgedrückt. Wird das Volkslied oder die Bibel zitiert, so wird die

Sprache quasi-literarisch überhöht. Aber nie wird Sprache eingesetzt, um Macht auszuüben.

Für **Woyzeck** sind **biblisch-eschatologische Wendungen** ein Versuch, das Unsagbare seiner psychotischen Erfahrungen auszudrücken. Die andere Spielart von „Sprachlosigkeit" stellt sich beim Versuch ein, ins **Abstrakt-Begriffliche** auszugreifen. Dies geschieht selten, wie zum Beispiel in der Doktor-Szene (9. Szene). Woyzeck versucht sich hier – im Stück einmalig – an Fremdwörtern und Abstrakta und scheitert (20,3 ff.). Umfassten seine Äußerungen in dieser Szene zwischen vier und acht Wörter (einfache Frage: 19,5; elliptischer Adversativ- mit angeschlossenem Temporalsatz: 19,10 f.; einfacher Aussagesatz: 19,24), so wechselt er nun in den Gestus des vertraulich Belehrenden, eine Rolle, der er gegenüber dem Doktor weder sprachlich noch gedanklich gewachsen ist – allenfalls gegenüber Andres. Seine Ausführungen lassen einen Zusammenhang weitgehend vermissen. So scheint er sich mit dem Hinweis auf seine besondere Disposition – auf „Charakter" und „Struktur" (20,4) – entschuldigen zu wollen, meint aber damit anscheinend genau das, was er am Anfang des Gesprächs mit „Natur" bezeichnet hat (19,10 f.). Da er aber „Natur" adversativ zu „Charakter" und „Struktur" einführt, muss ein anderer Begriffsinhalt intendiert sein. Es scheint sich weniger um eine Argumentation als um den verlegenen und ungeschickten Versuch zu handeln, sich beim Doktor, dem Fachmann in naturwissenschaftlichen Fragen, über seine halluzinatorischen Erfahrungen einer „doppelten Natur" (20,10) anzuvertrauen.

Genau wie in der Hauptmann-Szene (5. Szene) nehmen Woyzecks Redeanteile in diesem Abschnitt auffällig zu (20,3–17), wohingegen der Doktor sich mit zwei kurzen Feststellungen begnügt. Wie immer, wenn Woyzeck, der „zu viel" denkt (5. Szene: 17,17) und „philosophiert" (8. Szene: 20,8), metaphysische Inhalte verhandelt, **verdunkelt** sich seine Sprache;

so, wenn er sein eigenes Schicksal als Teil einer Weltkatastrophe sieht (12. Szene: 27,14 ff.), seine Existenz auf die Leidensrolle Christi hin stilisiert (18. Szene: 31,13 ff.), im Buch der Schöpfung zu lesen versucht (8. Szene: 20,14 ff.) oder es unternimmt, existenzielle Fragen zu erörtern (9. Szene: 23,19 f.).

Unbewusst stilisiert er sich in die Rolle des Sokrates, wenn er bei der Ergründung eines Problems in eine Aporie gelangt ist und sich vornimmt, die ungelöste Frage zu einem späteren Zeitpunkt wieder aufzugreifen (9. Szene: 23,21; vgl. auch 5. Szene: 17,8 f.). In die Zusammenhänge zwischen Lebensumständen und Moral ist er sogar tiefer eingedrungen als der Hauptmann (5. Szene: 16,29 ff.; 17,8 ff.).

Tendiert Woyzecks Sprache zur begrifflichen Dunkelheit und zur Grübelei (2. Szene: 11,19 f.), so verwendet **Marie** die Sprache immer **dinghaft-konkret**: als Mittel, ihre Lage zu beschreiben (4. Szene: 14,16 ff.), ihr Begehren auszudrücken (6. Szene: 17,25 ff.; 12. Szene: 27,10), Unangenehmes zu leugnen oder zu vertuschen (4. Szene: 14,28 ff.), auch als Mittel schnippischer Zurückweisung (7. Szene: 18,24 ff.). In höchster Not greift sie zur biblischen Rollenstilisierung, wenn sie sich in der Ehebrecherin des Neuen Testaments wiedererkennt (17. Szene: 30,14 ff.). Allerdings scheitert der Identifikationsversuch, da ihr die Kraft fehlt, sich zu ändern (31,2 f.).

Die **Sprache der Armen** ist **Ausdruck ihrer Notlage** und des Versuchs, ihrer Beengtheit erfüllte Momente abzugewinnen. Für Marie ist das die Selbstverwirklichung in einer erotischen Beziehung, für die sie alles auf eine Karte setzt (4. Szene: 15,12; 6. Szene: 18,8; 7. Szene: 18,31); für Woyzeck, der im verzweifelten Kampf um das physische Überleben dreier Personen steht, die Beziehung zu Marie (9. Szene: 22,33 f.). Dass beide scheitern – nicht nur an den gesellschaftlichen Bedingungen, sondern aneinander – macht die besondere Tragik ihrer Beziehung aus.

3 Die Sprache des Raumes

Auch **Räume** sind im Stück **Bedeutungsträger**. Es lassen sich enge, geschlossene Räume und weite, offene Räume, Räume der Intimität und Räume der Öffentlichkeit unterscheiden.

Zu den **Räumen der Enge** gehört Maries Kammer, in der sie mit ihrem kleinen Sohn allein lebt und höchstens von Woyzeck besucht wird (Szenen 2, 3 und 17). Das Fenster stellt die Verbindung zur Außenwelt dar: Durch das geöffnete Fenster erblickt sie den Tambourmajor; beim Streit mit ihrer Nachbarin schließt sie es und beendet so den Kontakt zur Außenwelt; als Woyzeck anklopft, öffnet sie es wieder.

Die Kammer steht für die bedrückende Enge ihrer Existenz, aus der es Marie hinausdrängt in **Räume der Öffentlichkeit**: den Jahrmarkt (3. Szene), die Gasse (6., 7. Szene), das Wirtshaus (12. Szene). Vor der Haustür (19. Szene) wird sie von Woyzeck zu ihrem letzten, verhängnisvollen Spaziergang auf das freie Feld, einen **weiten, offenen Raum**, abgeholt (20. Szene). Dieser ist mit seiner leeren Weite ein bedrohlicher Raum. In weiten, offenen Räumen wird Woyzeck von Weltuntergangs- und Verfolgungsvisionen heimgesucht (1. Szene: 9,5 ff. sowie 18 f. und 24 ff.), dort bedrängen ihn innere und äußere Stimmen (13. Szene), und so wird der offene Raum außerhalb der Stadt auch Schauplatz des Mordes (20. Szene) und der damit verknüpften Folgeszenen (Szenen 21, 24–26). Die Weite des Raumes kann als Sinnbild für Woyzecks Verlorenheit verstanden werden. Dort ist es „unheimlich" (21. Szene: 34,14), dort ist die vermeintliche Richtstätte der Freimaurer (1. Szene: 9,5 ff.), dort ist der Boden trügerisch und hohl (9,18). Am Abend ist der Himmel flammend-bedrohlich (9,24 ff.), des Nachts blutrünstig (20. Szene: 33,28 f.; 25. Szene: 37,5 f.), am Tag bedrückend „fest[ ]" und „grau", „geeignet, einen Kloben hineinzuschlagen und sich daran zu hängen" (9. Szene: 23,16 ff.).

Öffentliche Räume sind für Woyzeck überwiegend Orte der Demütigung. Dort muss er erkennen, dass er von Marie betrogen (Szenen 7 und 12), vom Hauptmann bloßgestellt (Szenen 5 und 9), vom Doktor als Demonstrationsobjekt missbraucht (Szenen 8 und 10), vom Tambourmajor gedemütigt (15. Szene) und als Mörder erkannt wird (22. Szene). Die Jahrmarktszene ist die einzige Szene im öffentlichen Raum, die Woyzeck glücklich sieht (2. Szene: 12, 2 f.).

Räume der Intimität sind für ihn diejenigen, wo er mit Marie oder Andres zusammen ist: die Kammer, die er immer nur flüchtig betritt, da er gleich „fort" muss (4. Szene: 15, 9), die Wachtstube (11. Szene) und die Schlafkammer in der Kaserne (14. Szene). In den beiden Letzteren wird er jedoch von Unruhe (26, 5 ff.), Schlaflosigkeit und Halluzinationen geplagt (28, 14 ff.), und es drängt ihn ins Freie: So verlässt er seinen Dienst, um sich in den öffentlichen Raum des Tanzvergnügens zu begeben (26, 7 ff.). Dort findet er seinen Verdacht gegen Marie bestätigt.

So drücken die Räume die Situation der Figuren aus. Letztlich sind **alle feindlich, abweisend und unheimlich**, wie es im Märchen der Großmutter in symbolischer Verdichtung ausgesagt wird (19. Szene: 32, 23 ff.): Himmel und Erde – es ist „alles tot".

In Jette Steckels Inszenierung des Stücks am Thalia-Theater Hamburg (2010) agieren die Figuren teilweise auf einem Netz (hier M. Schoene als Marie und F. Knopp als Woyzeck).

4 „Woyzeck" – offenes oder geschlossenes Drama?

Woyzeck beeindruckt durch außerordentliche **Konzentration der Darstellung**. Die Szenen sind aufs Wesentlichste komprimierte Bilder. Die Sprache wird sparsam verwendet. Es gibt kein Wort zu viel; oft muss man zwischen den Zeilen lesen, um das verbal Ausgesparte zu erfassen. Wortreich sind nur die wenigen Szenen, in denen der Hauptmann oder der Doktor vorkommen, sowie die Jahrmarkts- und die Wirtshausszene (12. Szene). Dort sind die Figuren durch ihren Redeschwall charakterisiert: als Repräsentanten von Herrschaftsstrukturen (Hauptmann, Doktor, Professor), als aufdringliche Werber (Marktschreier) oder als betrunkene Zecher (Handwerksburschen).

Das weitgehende Fehlen von Rhetorik und die Sparsamkeit der Rede erklären sich innertextlich aus dem **sozialen Ort des Stückes**: Die Vertreter der unteren Schicht verfügen nicht über die Sprachmächtigkeit der Herrschenden. Sprache ist für sie Mittel im konkreten, dinglichen Vollzug, nicht Mittel zur Selbstdarstellung oder zur abstrakten Argumentation.

Zum anderen hat die Kürzelhaftigkeit ihren Grund im **überlieferten Textbestand**. Büchner hat kein fertig ausgearbeitetes Stück hinterlassen, sondern Entwürfe in unterschiedlichem Grad der Ausarbeitung. So trägt die eine oder andere Szene den Charakter einer Skizze.

Diese Besonderheit – das Vorliegen von vier Entwurfsfassungen, die zum Teil unterschiedlichen Handlungskonzepten verpflichtet sind – hat dazu geführt, dass die ältere Büchnerforschung *Woyzeck* nicht nur vom Stoff, sondern auch von der Form her als revolutionäres Stück aufgefasst hat: als Text, der keine vom Autor festgelegte Form hat. Dieser Auffassung zufolge hätten der Herausgeber oder der Regisseur das Recht, aus einem Szenenangebot auszuwählen, das keinem linear sich entwickelnden Konzept unterliegt, sondern kreisförmig um die Hauptfigur gruppiert ist. Woyzeck würde demnach das Zentrum einer lockeren Szenenfolge bilden. Damit wäre Büchners Stück nicht den Regeln des geschlossenen (klassisch-aristotelischen) Dramas verpflichtet, wie die Tradition es kennt, sondern dem Formtyp des offenen (modernen) Dramas.

Das **geschlossene Drama** unterliegt den drei Einheiten des Orts, der Zeit und der Handlung. Idealtypisch müssten diesen Forderungen gemäß Spielzeit und gespielte Zeit, Spielort und gespielter Ort weitgehend deckungsgleich sein und das Stück ein konzentriertes und geschlossenes Geschehen bieten, das frei von Nebenhandlungen ist. Weiterhin ist der lineare, stringente Handlungsaufbau mit Exposition, steigender Handlung, Peripetie, fallender Handlung und Katastrophe bzw. Lösung verbindlich. – Im **offenen Drama** dagegen sind die drei Einheiten weitgehend aufgehoben, die Szenen nicht zu Akten zusammengefasst und in Anzahl und Abfolge variabel. Damit fehlt der linear-zielgerichtete Handlungsaufbau, und es entfällt die Notwendigkeit einer Entwicklung, „die in mannigfachen Auf- und Abwärtsbewegungen den Helden dorthin bringt, wo er am Ende erst anzulangen hat" (Klotz, S. 111). Die einzelnen Szenen sind „nicht dienender Teil, untergeordnetes Glied [eines] großen Ganzen" (Klotz, S. 112), vielmehr unterliegt die Szenenfolge dem Prinzip der Diskontinuität. Der offene Formtyp spiegelt die Unmöglichkeit wider, die moderne Welt als einheitlichen Sinnzusammenhang zu interpretieren.

Woyzeck wurde dementsprechend dem Typus des offenen Dramas zugerechnet, und diese Auffassung war für die Rezeption des Stückes lange Zeit maßgebend.

Verknüpfungselemente

Diesem Konzept hat **Burghard Dedner** Ende der 1980er-Jahre entgegengehalten, dass die Merkmale des offenen Dramas auf *Woyzeck* nicht passen. Bei genauem Hinsehen zeigt sich, dass die letzte Entwurfsstufe H4 eine lückenlose und „auf eine zwingende Art in sich geschlossen[e]" Handlungskette aufweist (Studienausgabe, S. 201 f.), die bis zur 18. Szene der Lesefassung reicht. Zusammen mit dem letzten Drittel der Szenenfolge von H1 rundet sie sich zu einem **logisch und kontinuierlich sich entwickelnden Handlungsverlauf** und ergibt einen schlüssigen zeitlichen Zusammenhang.

So stellt sich für die drei ersten Szenen eine **zwingende Abfolge durch verkettende Stichworte** her: Am Ende der 1. Szene macht Andres Woyzeck auf den Zapfenstreich aufmerksam (9, 30), die 2. Szene spielt genau an dem Ort, wo der Trommlerzug vorbeikommt, und Woyzecks Bemerkung: „muss zum Verles" (11, 9) stiftet den Rückbezug zum Ende der 1. Szene. – Mit ihrer Äußerung „Es wird so dunkel, man meint, man wär blind" (2. Szene: 11, 21 f.) verweist Marie auf den Anfang der 3. Szene, in der die Lichter angezündet sind (11, 27). Die Szenen 4, 5, 8, 10, 11 und 14 stehen durch die Abfolge von Woyzecks dienstlichen und außerdienstlichen Aktivitäten in Zusammenhang. Zuerst händigt er Marie seinen Wochenverdienst aus (4. Szene), dann rasiert er den Hauptmann (5. Szene), anschließend begibt er sich zum Doktor zum vereinbarten Termin (8. Szene) und schließlich zum Professor, bei dessen Vorlesungen er assistiert (10. Szene). Die 11. Szene zeigt ihn bei der Ausübung des Wachtdienstes, die 14. Szene bei der Übernachtung in der Kaserne.

Ein steigernd-verknüpfendes Moment bildet die Marie-Tambourmajor-Handlung, der die wachsende Eifersucht Woyzecks entspricht, die sich über den Mordplan bis zur seiner Ausführung entwickelt. Hier liegt unverkennbar das **Modell der steigenden Handlung** vor, die in die Katastrophe mündet.

Die folgenden Szenen sind wiederum durch **Querverweise** miteinander verknüpft. Dem „Fort, dass wir noch was sehen" der Kinder (23. Szene: 36, 11) entspricht Woyzecks Wahrnehmung

der „Leute – Dort" (24. Szene: 36,26). Die anschließende Regieanweisung: „(Er läuft weg.)" leitet zwanglos zur eröffnenden Regieanweisung der Folgeszene über: „Woyzeck an einem Teich."
(25. Szene: 37,3). Aus einer weiteren Regieanweisung derselben
Szene – „(er geht in den Teich [...])" (37,7 f.) – wird die formel-
hafte Bemerkung des Narren Karl in der Schlussszene plausibel:
„Der is ins Wasser gefallen" (37,21 f. sowie 25 und 28).

Ein weiteres Verknüpfungsmittel liegt in der Gleichzeitigkeit
von Szenen, die an verschiedenen Orten spielen. Durch **Simul-
taneität** verknüpft sind die Szenenpaare 1 und 2, 20 und 21
sowie vermutlich auch 5 und 6, 22 und 23.

Einheitsstiftend sind ferner die **Abgangsformeln der Figuren**, die „teils unter dem Diktat der Arbeitshetze, teils unter dem
der Eifersucht" stehen (GBJb 7, S. 149). Diese stehen immer im
Zusammenhang mit Woyzeck oder werden von diesem ausge-
sprochen: „Wir müssen fort" (1. Szene: 9,30), „Ich muss fort"
(2. Szene: 11,18; 11. Szene: 26,10); „Ich muss hinaus" (11. Szene: 26,7 und 12), „Ich geh" (9. Szene: 23,13 und 22 f.). Dieselbe
Funktion haben auch die **stereotypen Ermahnungen des
Hauptmanns zur Langsamkeit** (5. und 9. Szene).

Zeitstruktur

Insgesamt lässt sich für die Handlung des *Woyzeck* ein **schlüs-
siger zeitlicher Zusammenhang** rekonstruieren, der in der
knappsten Variante **gut 48 Stunden** umfasst.

Die Szenen 1 bis 3 spielen am Abend des ersten Tages (1. und
2. Szene: Zapfenstreich, 3. Szene: Jahrmarktsbesuch), die Szenen
4 bis 14 am 2. Tag. Die zeitliche Gliederung ergibt sich durch
Woyzecks täglichen Dienstablauf: Besuch bei Marie (4. Szene),
Rasieren des Hauptmanns (5. Szene), Besuch beim Doktor
(8. Szene), Assistenz beim Professor (10. Szene), Wachtdienst
(11. Szene) und Nachtruhe in der Kaserne (14. Szene). Innerhalb
dieses Rahmens entwickelt sich die Beziehung zwischen Marie

und dem Tambourmajor (Szenen 4, 6, und 12), die den Bewoh-
nern der Provinzstadt nicht verborgen bleibt und Woyzecks
Eifersucht nährt (Szenen 7, 9, 13–16). Die Szenen 15 bis 27
endlich spielen am dritten Tag: Woyzecks Entschluss, Marie zu
töten, die Tat selbst und die Entdeckung des Mords.

Der Akzeptanz dieser **gedrängten Zeitstruktur** scheint lediglich Maries Bemerkung in der Bibelszene entgegenzustehen: „Der
Franz ist nit gekommen, gestern nit, heut nit [...]" (30,29 f.).
Demnach wäre an irgendeiner Stelle zwischen den Szenen 14 und
17 ein Zeitsprung von einem Tag anzusetzen. Diese Annahme
ist jedoch nicht notwendig, wenn man unterstellt, dass Woyzeck Marie zweimal am Tag besucht, morgens und abends, wie
das in den Szenen 2 bis 4 ja der Fall ist. „[G]estern nit" würde
dann besagen, dass Woyzeck seinen Abendbesuch am Vortag hat
ausfallen lassen, was ja aufgrund seiner Eifersucht durchaus
plausibel wäre.

Zeitpunkt der Handlung

Geht man davon aus, dass das Stück in einer Epoche und in
einem Milieu spielt, wo der Tagesablauf sich an den natürlichen
Lichtverhältnissen orientierte (vgl. 2. Szene: 11,21 ff.), so kommt
als wahrscheinlichster Zeitpunkt der Handlung ein Zeitraum
zwischen Ende April und Anfang Mai in Betracht, wenn die
Sonne zwischen vier und fünf Uhr auf- und zwischen sieben
und acht Uhr untergeht. Maries Antwort in der Mordszene auf
Woyzecks Frage, wie lange sie nun schon zusammen seien: „Um
Pfingsten zwei Jahr" (20. Szene: 33,17), scheint nahezulegen,
dass der Handlungszeitpunkt vor Pfingsten liegt. Ein weiteres
Indiz ist Woyzecks Befürchtung in der Teichszene, er könne das
Messer nicht weit genug in den Teich geworfen haben und es
könne von Badenden gefunden werden. Demnach ist schon
Badezeit, aber noch nicht „Sommer" (25. Szene: 37,6 ff.).

Gegen den Frühjahrstermin spricht allerdings die **einzige absolute Zeitangabe** im Stück: „heut den 20. Juli" (18. Szene: 31,23). Ob diese Angabe in den Dramentext gehört, ist allerdings nicht unumstritten. Sie findet sich in H4 als Randzusatz (vgl. *Interpretationshilfe* S. 14) und lautet vollständig „Mariae Verkündigung den 20 Juli". In den beiden Zeilen darüber hat Büchner Ergänzungen in der Handschrift vorgenommen, diese aber direkt in die Textkolumne eingefügt. Auch die hier in Frage stehende Ergänzung hätte dorthin gepasst. Sachlich ist die Randnotiz fehlerhaft, da „Mariae Verkündigung" auf dem 25. März liegt und nicht „7 Monat und 12 Tage" vor dem „20. Juli", was auf den 8. Dezember führt. So vermutet der italienische Büchner-Forscher Enrico De Angelis, dass die Bemerkung gar nicht zum Dramentext gehört, sondern eine private Notiz ist, die unter Bezug auf den Beginn der Arbeit an *Woyzeck* den seinerzeitigen Stand des Manuskripts fixiert. Für den Beginn der Arbeit am Stück wäre dann der 8. 12. anzusetzen, was im Kirchenjahr nicht der Tag von „Mariae Verkündigung", sondern von „Mariae Empfängnis" wäre (De Angelis, S. 27). Dass die Randnotiz in den Dramentext eingefügt wird, ist nach De Angelis auf die falsche Entzifferung einer Abkürzung zurückzuführen, die sich in H4,17 zwischen „geboren" und „ich" befindet. Diese sei nicht als „d. d." (= de dato, d. h. von der Datumsangabe der Randnotiz aus gerechnet), sondern als „&c. &c." (= et cetera) zu lesen. Bei dieser Lesart ergäbe sich keine Notwendigkeit, die Randbemerkung dem Dramentext zuzuordnen. – An anderer Stelle des Manuskripts findet sich gleichfalls eine Randnotiz, die mit dem Dramentext nicht in Zusammenhang steht (eine Summenrechnung in H2,1). Nach dieser Auffassung wäre die absolute Zeitangabe für die Handlung des Stückes ohne Bedeutung.

Handlungsübersicht

Szene	1	2	3	4	5	6	7	8	9	10	11	12	13	14
Quelle	H4,1	H4,2	H2,3 (11,27–12,15; 12,21–27); H1,1 (12,16–20/28–30); H2,5 (12,32–13,8); H1,2 (13,10–35)	H4,4	H4,5	H4,6	H4,7	H4,8	H4,9 (21,1–22,5); H2,7 (22,6–23,34)	H3,1	H4,10	H4,11	H4,12	H4,13
Zeitleiste	1. Tag <Abend>			2. Tag <Morgen>							<früher Nachmittag>			„Nacht" (28,12)
Zeitangaben im Text	„Sie trommeln drin" (9,30)	„Zapfenstreich" (10,4); „Es wird so dunkel" (11,21ff)	„Lichter" (11,27)	„Heut Abend, Marie. Adies" (15,9)										
Marie-Tambourmajor-Handlung		M und T sehen sich zum ersten Mal	M trifft auf T	M mit Geschenk vom T		M trifft T auf der Gasse						M und T beim Tanz		
Woyzeck-Handlung	W und A schneiden den Stöcke	Auf dem Weg zur Kaserne schaut W kurz bei M vorbei	W und M auf dem Jahrmarkt	W liefert M seinen Wochenlohn ab	W rasiert H		W stellt M zur Rede <* vor Aufregung „pisst" auf [die] Straß"	W bei D	Anspielung des H auf Szene 6	W assistiert P	W und A beim Wachtdienst	W beobachtet die Tanzenden	Mordfantasien bedrängen W	W,s Fantasien kehren als Alptraum wieder
Zusätzliche Hinweise aus nicht aufgenommenen Entwurfsstufen			H2,5: T und U folgen M und W; H1,3: T schickt W weg, um mit M allein zu sein; Geschenk: Ohrringe?						H2,7: „Ey guten Morgen Herr Hauptmann"					

Szene	15	16	17	18	19	20	21	22	23	24	25	26	27
Quelle	H4,14	H4,15	H4,16	H4,17	H1,14	H1,15	H1,16	H1,17	H1,18	H1,19	H1,20	H1,21	H3,2
Zeitleiste	3. Tag		<Nachmittag>		<Abend>	<Abend/ Nacht>							
Zeitangaben im Text			„Das brüht sich in der Sonne" (30,23)			„' s ist finster " (33,11); „Mond					„Mond" (37,5)		
Marie-Tambourmajor-Handlung			M liest in der Bibel										
Woyzeck-Handlung	Ring-kampf zwischen W und T	W kauft das Mes-ser		W ver-macht A seinen Nachlass	W holt M ab	W ersticht M	Spaziergän-ger werden auf den Mord auf-merksam	W lenkt sich im Wirtshaus ab	Die Mord-nachricht hat sich im Ort verbreitet	W kehrt an den Tatort zurück	W ver-senkt das Messer im Teich	Ermittlun-gen am Tatort	W bei seinem Sohn

Abkürzungen:

▢▢ = Simultanszenen

◀――― = expliziter Rückbezug

A = Andres
D = Doktor
H = Hauptmann
M = Marie
P = Professor
T = Tambourmajor
U = Unteroffizier
W = Woyzeck

5 Vorausdeutungen und Motivkomplexe

Der Text ist von einem dichten Netz von Motiv- und Symbolkomplexen durchwebt, deren Funktion darin besteht, auf das blutige Ende der Handlung **vorauszudeuten**.

Anspielungen auf die Schlusskatastrophe – die Ermordung Maries und das im Drama nicht mehr gezeigte Ende Woyzecks – finden sich immer wieder. Diese haben neben der vorausdeutenden auch eine unmittelbar handlungsbezogene Bedeutung und sind daher **doppeldeutig**. Als solche sind sie den handelnden Figuren freilich nicht bewusst. Zwei Motivkomplexe seien hier herausgegriffen und jeweils durch einige Beispiele belegt.

Der Motivkomplex „Messer", „schneiden"

In Bezug auf Woyzeck finden sich wiederholt Vergleiche oder direkte Andeutungen, die dem semantischen Feld seines **Mordwerkzeugs** entstammen. Entsprechende Vergleiche verwendet zum Beispiel der Hauptmann, wenn er Woyzecks gehetztes Wesen beschreibt: „er läuft ja wie ein offnes Rasiermesser durch die Welt, man schneidt sich an ihm [...]", und mit dem irrealen Vergleichssatz fortfährt, Woyzeck laufe, als „würde [er] gehenkt [...] nach einer Viertelstunde" (9. Szene: 22,8 ff.). Woyzecks erschrockene Mimik auf die Nachricht von Maries Untreue kommentiert der Hauptmann gleichfalls anspielungsreich: „er ersticht mich mit seinen Augen" (23,8 f.). Als Woyzeck nachts in der Kaserne einen psychotischen Schub erleidet, beschreibt er sein Befinden: „Es zieht mir zwischen den Augen wie ein Messer" (14. Szene: 28,20 f.). In direkter Beziehung zum Mordwerkzeug steht die Frage des jüdischen Trödlers, dem Woyzeck das Messer abkauft: „Wollt Ihr Euch den Hals mit abschneiden [...]?" (16. Szene: 30,1 ff.). Und wenn Woyzeck in der Mordszene den Mond mit einem „blutig Eisen" (20. Szene: 33,29) vergleicht, so ist dies eine direkte Überleitung zur Tat.

Auch Marie spielt unbewusst auf ihr Ende an. „Ich könnt' mich erstechen", sagt sie, als sie ihre Undankbarkeit gegen Woyzeck erkennt, aber gleichzeitig spürt, dass ihr die Kraft fehlt, ihr Verhalten zu ändern (4. Szene: 15,11).

Als makabre Anspielung im weiteren Sinne lässt sich verstehen, dass Woyzeck den Hauptmann rasiert, was ja mit einem Messer geschieht.

Der Motivkomplex „Tod"

Häufig sind auch die Anspielungen auf den Tod, besonders aus dem Munde Woyzecks. Schon in der ersten Szene wird das deutlich: Woyzeck glaubt, sich an einem verfluchten Platz zu befinden, wo „abends [...] der Kopf" rollt (9,6). „Drei Tag und drei Nächt und er lag auf den Hobelspänen" (9,7 f.) bezieht Woyzeck zwar auf das Gerücht vom nächtlichen Besucher des unheimlichen Ortes, aber die Zeitangabe wird man genauso auf Woyzeck beziehen können, der nach Ablauf dieser Frist seiner Mordtat überführt sein dürfte. Im Bewusstsein, dass der Mord unmittelbar bevorsteht, tut Woyzeck eine ähnliche Äußerung (18. Szene: 31,28 ff.). Der Hauptmann spielt auf eine mögliche Hinrichtungsvariante für Woyzeck an, wenn er ihn anfährt: „Kerl, will er erschossen <werden>, will ein Paar Kugeln vor den Kopf haben?" (9. Szene: 23,7 f.) Unspezifisch, aber dennoch innerhalb des Bedeutungsbereichs wird in der Jahrmarktsszene auf das Todesmotiv angespielt, wenn der alte Mann die Moritat von der Vergänglichkeit und dem Tod alles Lebendigen vorträgt (3. Szene: 11,29 f.).

Weitere Motiv- und Symbolkomplexe

Das dichte Gefüge von Symbolen (vorzugsweise Farbsymbolen) und Motiven kann hier nur andeutungsweise dargestellt werden. Die folgende Übersicht versucht die vielfältigen Verbindungen zu Komplexen zu ordnen und augenfällig zu machen.

Motiv- und Symbolkomplexe in „Woyzeck"

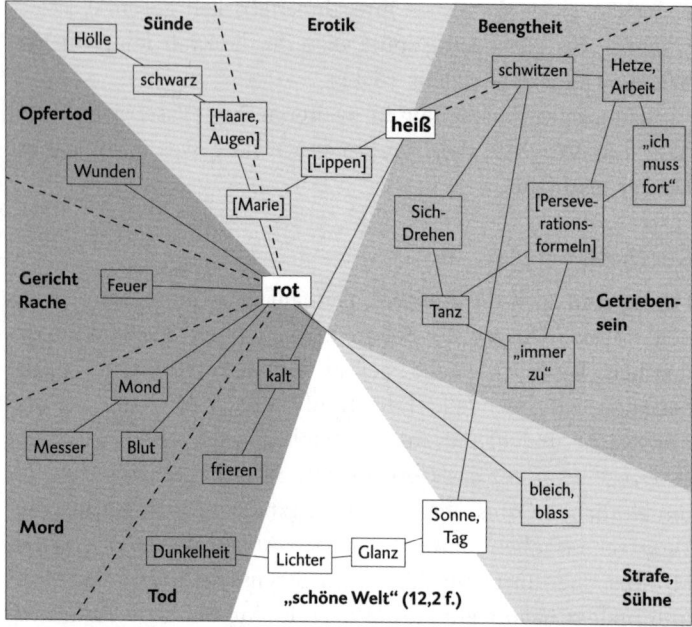

Aus diesem komplexen Gefüge seien im Folgenden einige Motiv-
und Symbolstränge beispielhaft herausgegriffen:

Die **Symbolfarbe Rot** steht sowohl für Erotik, Sinnlichkeit,
Begehren als auch für Blut, Mord, Abrechnung und Opfertod.
Maries „roter Mund" wird wiederholt erwähnt (4. Szene: 14,18;
7. Szene: 18,19), und über ihre „Lippen" (9. Szene: 22,29 f.;
20. Szene: 33,21) ergibt sich eine Verbindung zum Komplex
„**heiß**", der neben der erotischen Bedeutung (12. Szene: 27,18;
11. Szene: 26,8; 22. Szene: 35,3) auch für das Bedeutungsfeld
des Beengtseins und des Getriebenseins steht (11. Szene: 26,12;
22. Szene: 34,30 f.). Von dort führt eine Verzweigung sowohl
zum Motivkomplex „**schwitzen**" (4. Szene: 15,3 ff.), „**Hetze**"
(5. Szene: 16,4; 17,17 f.; 9. Szene: 22,7), „**Tanz**" (11. Szene:

25,27 f. und 30; 12. Szene: 27,8 ff.), als auch zum Motivkomplex „**Sonne**" (12. Szene: 27,14 ff.; 17. Szene: 30,23) und zu dem einzigen positiv besetzten der „**Lichter**" (3. Szene: 11,27), die Woyzeck eine „[s]chöne Welt" (12,2 f.) vorgaukeln.

Eine besondere Rolle spielt die Farbe Rot in der Mordszene: Der Mond geht rot auf „[w]ie ein blutig Eisen" (20. Szene: 33,29; vgl. auch 25. Szene: 37,5 f.). Von da lässt sich der Motivstrang weiterverfolgen einerseits zum Komplex „**Messer**", „**erstechen**", „**schneiden**" (s. o.), andererseits zum Komplex „**Blut**". Die tote Marie hat „eine rote Schnur um den Hals" (24. Szene: 36,20 f.). Das Wirtshausmädchen Käthe entdeckt „Rot, Blut" an Woyzecks Hand (22. Szene: 35,20 ff.). Woyzecks Endzeit-Halluzinationen bestehen – ganz biblisch: vgl. Offb 8,5–7 – aus der Johanneischen Vision eines „um den Himmel" fahrenden Feuers (1. Szene: 9,25). „[R]ot und wund" – so der Vers auf dem Heiligenbild, das Woyzeck seinem Stubenkameraden Andres vermacht – ist aber auch der Leib des gekreuzigten Jesus (18. Szene: 31,15). Und auch Woyzeck selbst „blut[et]" – nach dem Ringkampf mit dem Tambourmajor (15. Szene: 29,23).

Den Kontrast zum Komplex „Rot" bildet die Komplementärfarbe **Grün**, wie sie in den Volksliedern vorkommt (1. Szene: 9,12 und 15; 12. Szene: 27,3 ff.).

Über die Figur Maries führt eine Verzweigung zu den Symbolkomplexen „**schwarz**" und „**bleich**". Schwarz ist die Farbe von Maries Augen und Haaren (3. Szene: 13,2 ff.; 24. Szene: 36,23 f.), von der unmittelbaren Bedeutung wird sie übertragen auf Maries „Sünde" (12. Szene: 27,14 ff.; 24. Szene: 36,22 f.). Ferner steht „schwarz" für Dunkelheit in ihren Aspekten des Unheimlichen, Unheilverkündenden (2. Szene: 11,21; 20. Szene: 33,11). – Komplementär dazu steht „bleich" für Woyzecks Erschrecken über die „Sünde" (9. Szene: 22,32), seine Entschlossenheit zu Rache und Bestrafung (20. Szene: 33,30) und die durch Maries Tod geleistete Sühne (24. Szene: 36,22 f.).

Weiterhin geht von Marie eine Verzweigung zu den gegensätzlichen Komplexen **„heiß"** und **„kalt"** aus. „Heiß" steht für das erotische Begehren und die erotische Ausstrahlung Maries (12. Szene: 27,18), die insbesondere von ihren Lippen ausgeht (20. Szene: 33,21), jedoch nicht auf Marie beschränkt ist, sondern auch anderen Frauen zugesprochen wird (so Käthe, vgl. 22. Szene: 35,3). Das Gegenteil des Erotisch-Fordernden ist das Erkalten des Körpers im Tod. Darauf wird sowohl in Bezug auf Marie angespielt (20. Szene: 33,24 f.) als auch in Bezug auf Käthe (22. Szene: 35,3 f.). Aus der Perspektive eines puritanischen Christentums, wie sie für *Woyzeck* maßgebend ist, verfällt das Erotisch-Triebhafte der Hölle, wo es ebenfalls „heiß" ist (vgl. die Perspektive der verkehrten Welt, 9. Szene: 23,4 f.). Der Komplex „heiß" schließt den der bedrückenden Enge ein, die das Bedürfnis nach Befreiung weckt, indem man ins Freie strebt (11. Szene: 26,12), das Fenster öffnet (17. Szene: 30,30) oder den Rock auszieht (22. Szene: 34,30 f.). Von da aus lassen sich die Motivverzweigungen des „Schwitzens", „Sich-Drehens" und „Tanzens" ansteuern (11. Szene: 25,29 und 31; 12. Szene: 27,13 ff.; 22. Szene: 34,22) oder die des Getriebenseins, der Hetze und der Unruhe.

Beides findet Ausdruck in den **verbalen Leitmotiven „ich muss fort"** (Woyzeck: 2. Szene: 11,18; 4. Szene: 15,9; 11. Szene: 26,10; leicht variiert: 9. Szene: 23,13; 11. Szene: 26,7 und 12; Marie: 20. Szene: 33,13 und 19; Andres: 1. Szene: 9,30) und **„immerzu"**. Letzteres ist von Marie im Sinne der nicht endenden Drehbewegung des Tanzes gemeint (12. Szene: 27,10) und entwickelt sich bei Woyzeck zur fixen Idee, die ihn zum Mord antreibt (12. Szene: 27,11 ff. und 19; 13. Szene: 28,5 und 9; 14. Szene: 28,16; 22. Szene: 34,22; variiert in der Mordszene zu „immer noch": 20. Szene: 34,1 f.).

6 Interpretation von Schlüsselstellen

Woyzeck beim Hauptmann (5. Szene)

Die Rasierszene ist mit gut zwei Seiten die längste Szene des Stückes, die auf einer Handschriftenfassung beruht. (Der größere Umfang der Szenen 2 und 10 ist Resultat einer Zusammenstellung verschiedener Fassungen.)

Die Handlung ist alltäglich: Woyzeck geht seinem Nebenverdienst nach, indem er seinen Hauptmann rasiert. Dabei findet ein Gespräch über Woyzecks Lebensverhältnisse statt. Von den Redeanteilen zerfällt der Dialog in zwei Teile:

Im **ersten Teil** (15,17–16,16) überwiegen die Redebeiträge des Hauptmanns deutlich. Woyzecks vier Äußerungen setzen sich aus der dreimaligen Wiederholung einer militärischen Bestätigungsformel (15,25; 16,3 und 13) und einer Wetterauskunft zusammen, die ebenfalls formelhaft-knapp ist (16,8). Die Bestätigungsformeln bestehen aus vier Wörtern: einer doppelten Bejahung und der Anrede des Vorgesetzten mit Nennung des Dienstgrads. Die Auskunft umfasst fünf Wörter, zwei davon sind wiederum Anrede und Dienstgrad; die eigentliche Information beschränkt sich auf drei Wörter, von denen eines wiederholt wird. Woyzeck gibt keine Sätze, sondern nur Stichworte von sich. Keine seiner Äußerungen trägt individuelles Gepräge.

Die fünf Beiträge des Hauptmanns umfassen dagegen 27 Zeilen, was etwa das Sieben- bis Achtfache von Woyzecks Äußerungen ausmacht. Schon am **Umfang der Redebeiträge** lässt sich der **Statusunterschied** der Gesprächspartner ablesen.

Die **Gesprächsinitiative** liegt **beim Hauptmann**: Er beginnt das Gespräch, bestimmt die Themen und beendet es. Woyzeck antwortet mechanisch und formelhaft. Die Sprechakte des Hauptmanns sind überwiegend Appelle oder dienen dem Selbstausdruck; er sendet fast ausschließlich Ich-Botschaften. Woyzecks Äußerungen sind zu Formeln erstarrte Bestätigungsechos.

Die konfusen Ausführungen des Hauptmanns drehen sich um die Begriffe **Zeit** und **Geschwindigkeit**, die jeweils in ihren extremen Zustandsformen dargelegt werden: Zeit zwischen den Grenzpunkten „Augenblick" (15, 30) und „Ewigkeit" (15, 27), Geschwindigkeit in den Modalitäten der Langsamkeit (15, 17) und der Hetze (16, 4). Damit ist ein weiteres Begriffspaar verknüpft: **Beschäftigung** (15, 27) und **Langeweile** (15, 22 f.), das mit den moralischen Attributen „gut" und „nicht-gut" versehen wird (16, 5).

Innerhalb dieses begrifflichen Rahmens bewegen sich die **Ich-Botschaften** und **Appelle** des Hauptmanns. Sich selbst verortet er auf der Seite der Langsamkeit – für ihn identisch mit „gut" –, Woyzeck dagegen auf der Seite der Hetze – für ihn gleich „nicht-gut". Seine Begründung ist einigermaßen trivial: Zu früh erledigte Arbeit setze überschüssige Zeit frei, was Langeweile zur Folge habe. Es komme darauf an, das Arbeitspensum gleichmäßig auf den Tag zu verteilen (15, 18 ff.). Jede Form von Eile verursache bei ihm Schwindelanfälle, zumal wenn die schnelle Bewegung in gleichförmiger, sich ständig wiederholender, kreisförmig-rotierender Weise ablaufe (Erddrehung: 15, 31 f.; Mühlrad: 16, 1 f.). Auch sein Schauder vor der Ewigkeit, in der sich ja alle Vorgänge wiederholen müssten, erklärt sich aus dieser Phobie (15, 26 ff.).

Der **Vorwurf** des Hauptmanns, **Woyzeck sehe so verhetzt aus**, er solle langsam machen, offenbart völlige Verständnislosigkeit für die Lage seines Untergebenen und erklärt sich offensichtlich aus dem Mangel an Beschäftigung, der bei ihm Melancholie und Langeweile hervorruft. Woyzecks Hektik ist jedoch durch seine materielle Notlage bedingt. Dass Langsamkeit und Hetze nur Anzeichen für Unterbeschäftigung und Überlastung sind, ist dem Hauptmann nicht klar – ganz im Gegensatz zu Woyzeck, der diesen Zusammenhang durchschaut. Die moralischen Ermahnungen des Hauptmanns sind für ihn daher gegenstandslos. In seiner Ich-Bezogenheit zeigt sich der Hauptmann blind für die Lage anderer. Sein Ratschlag „ein's nach dem andern" (15,17 f.) – variiert zu „Teil er sich ein, Woyzeck" (15,23 f.) – wird von diesem später auf unheilvolle Weise befolgt, nachdem er dem Tambourmajor im Ringkampf unterlegen ist und den Entschluss fasst, Marie, als das schwächste Glied der ihn demütigenden Konstellation, zu ermorden (15. Szene: 29,24). Spätestens zu diesem Zeitpunkt erweisen sich die **moralischen Beurteilungskategorien** des Hauptmanns als **fragwürdig**.

Da der Vortrag des Hauptmanns mangels Substanz bald an einen toten Punkt kommt, fordert er Woyzeck auf, ein neues thematisches Stichwort zu geben, und fragt nach dem Wetter (16,6 f.). Dieses Gebiet gibt ihm die Möglichkeit, das Thema der Geschwindigkeit weiterzuverfolgen (16,9 ff.) und seine Überlegenheit zu genießen, indem er Woyzecks vermeintliche Naivität und Unwissenheit **bloßstellt** (16,11 f.). Woyzecks mechanisch-formelhafte Zustimmung gewährt ihm diesen Triumph (16,14 f.).

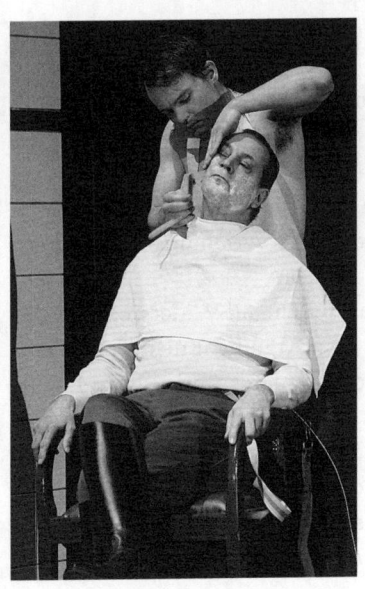

„Es wird mir ganz angst um die Welt, wenn ich an die Ewigkeit denke. Beschäftigung, Woyzeck, Beschäftigung! ewig das ist ewig, das ist ewig, das siehst du ein; nun ist es aber wieder nicht ewig und das ist ein Augenblick, ja, ein Augenblick – Woyzeck, es schaudert mich, wenn ich denk, dass sich die Welt in einem Tag herumdreht, was eine Zeitverschwendung, wo soll das hinaus? Woyzeck, ich kann kein Mühlrad mehr sehn, oder ich werd' melancholisch." – „Ja wohl, Herr Hauptmann." (15,26–16,2)

Woyzeck im Düsseldorfer Schauspielhaus 2005. Regie: Thomas Bischoff (Woyzeck: Johannes Allmayer, Hauptmann: Michael Abendroth)

Im **zweiten Teil** der Szene (16,16–17,20) steuert der Hauptmann sein eigentliches Redeziel an: War sein Moralisieren über den Zusammenhang von Hetze und schlechtem Gewissen (16,4 ff.) bis dahin eher konfus, so präzisiert er ihn nun zum **Vorwurf**, Woyzeck unterhalte eine **uneheliche Beziehung** und habe ein **uneheliches Kind**. Die Abschwächung, der Vorwurf stamme nicht von ihm, sondern vom „hochehrwürdige[n] Herr[n] Garnisonsprediger" (16,20), offenbart eine Verantwortungsscheu des Hauptmanns, die schon aus der Verworrenheit seiner Ausführungen sowie am Leidens- und Betroffenheitsgestus im ersten Abschnitt erkennbar war.

Der Hauptvorwurf steht im Raum, und Woyzeck muss sich rechtfertigen. Damit **wechseln** die **Gesprächsrollen** (16,22 ff.): Woyzeck argumentiert, der Hauptmann reagiert irritiert und hilflos. Folgerichtig verschieben sich die Redeanteile: Woyzecks Ausführungen nehmen nun den gleichen Raum ein wie die des Hauptmanns, nämlich 17 Zeilen.

Zu seiner **Verteidigung** bringt Woyzeck drei Argumente vor:

- Zunächst führt er ein **Autoritätsargument** an (16,22–25): Er beruft sich auf Jesus, der alle Kinder segnet, da ihnen das Gottesreich gehöre (vgl. im Neuen Testament Mk 10,13–16; Mt 19,13–15; Lk 18,15–17). Jesus nimmt jedes Kind unmittelbar an und macht es nicht für die Verfehlungen der Eltern verantwortlich.

Der Hauptmann ist offenkundig nicht auf Widerworte gefasst und zeigt sich irritiert. Da er dem Argument nichts entgegenzusetzen hat, bleibt ihm nichts anderes übrig, als auf seine Statusrolle zu pochen. Als Untergebenem stehe es Woyzeck nicht zu, seinem Vorgesetzten zu widersprechen. Die Nachdrücklichkeit, mit der er auf der gewählten Anredeform insistiert – mit „Er" wurde der sozial Niedriggestellte angesprochen –, lässt daran keinen Zweifel aufkommen (16,28).

- Sodann bringt er das **pekuniäre Argument** ins Spiel (16,29–34): Woyzeck ist nicht in der Lage, die finanziellen Voraussetzungen für eine Heirat zu erfüllen (16,30). Dies deckt sich mit den historischen Verhältnissen: Nach dem Dienstreglement für die Großherzoglich Hessischen Truppen von 1825 musste ein einfacher Soldat, um heiraten zu können, ein Vermögen von 600 Gulden nachweisen (EuD, S. 32). Diese Bedingung konnten die wenigsten erfüllen. So bleibt auch Woyzeck nur die uneheliche Beziehung.

  Dem hält der Hauptmann die eigene Zurückhaltung gegenüber seinen Triebbedürfnissen entgegen, seine vermeintliche „Tugend" (17,4 f.), die darin besteht, seinen Sexualtrieb voyeuristisch zu befriedigen (16,36 ff.). Das lässt den Schluss zu, dass der Hauptmann unverheiratet ist und keine außereheliche Beziehung unterhält, und nährt den Verdacht, dass er die eigene Erfolglosigkeit bei Frauen als moralische Stärke ausgibt, mit der sich sein Selbstmitleid dann wieder schlecht verträgt (17,6 f.).

- Schließlich macht Woyzeck das **materialistische Argument** geltend (17,8–15): Er betont die Abhängigkeit der Moral von materiellen Bedingungen. Demnach setzt die Ausübung bürgerlicher Tugenden ein entsprechendes Maß an materiellem Wohlergehen voraus. Wer dagegen am Existenzminimum lebt und alle Kräfte für seinen Lebenserhalt aufbringen muss – wie Woyzeck –, hat keine Zeit, sich in tugendhaftem Verhalten zu üben.

  Mit diesem Argument ist der Hauptmann offenkundig überfordert. Er bricht das Gespräch ab, indem er den anfänglichen Vorwurf, Woyzeck führe kein tugendhaftes Leben, aus einem diffusen Harmoniebedürfnis heraus quasi zurücknimmt und Woyzeck dem Geltungsbereich des „gute[n] Mensch[en]" zuordnet (17,16 f.).

In der Wiederholung der anfänglichen Ermahnung, „hübsch langsam" zu machen (17,20), zeigt sich die **Zirkularität des Gesprächs**. Es hat nichts erbracht, am Ende steht alles wie am Anfang. Der Zweck des Gesprächs war für den Hauptmann nicht Kommunikation, sondern Selbstdarstellung, Reproduktion eines Rollenmusters. Seine Mittel sind prätentiöse Worthülsen, Tautologien (vgl. seine Definitionen von „ewig": 15,28 und „Moral": 16,17 f.), Pseudotiefsinn und Larmoyanz. Woyzeck dagegen zeigt, nachdem er die Rolle des Untergebenen abgelegt hat, dass er sehr wohl in der Lage ist, schlüssig zu argumentieren, und präzisere Vorstellungen von Moral hat als der schwadronierende Hauptmann.

An dieser Szene lassen sich sehr klar die **Unterschiede schichtenspezifischer Sprache** ablesen. Aufgrund seiner übergeordneten Stellung in der Militärhierarchie verwendet der Hauptmann Äußerungsformen, die Woyzeck verwehrt sind:
- Aufforderungen (15,17 f. und 23 f.; 17,19 f.);
- Interjektionen (16,14) und Ausrufe (15,20 ff. und 27 f.; 17,3);
- Vorwürfe (16,17 ff. und 27 f.) und Zurechtweisungen (16,28);
- Wertungen (Verurteilungen fremden Verhaltens: 16,14 f.; Selbstlob: 17,6 f.; Lob des anderen: 17,16 f.).

Die Äußerungen des Hauptmanns sind „Ich"-Botschaften, die der affektiven Selbstdarstellung dienen und durchweg von Selbstmitleid getragen sind. In der Sache sind die Ausführungen überwiegend diffus, in der Argumentation zirkulär und tautologisch. Insgesamt findet sich eine bombastisch-verschwommene Rhetorik voller Wiederholungen bei geringem Sachgehalt.

Dagegen sind Woyzecks Äußerungen frei von rhetorischer Pose, und schmucklos bis hin zur elliptischen Aussparung (z. B. 16,29 f.). Seine Argumentation ist sachbezogen, klar und aspektreich. Woyzeck hat es nicht nötig, sich infolge unklarer Vorstellungen zu wiederholen. Neben „Ich"-Botschaften artikuliert er auch „Wir"-Botschaften (16,29 und 32 ff.; 17,9) und „Man"-Botschaften (16,31 f.). Daran wird deutlich, dass er sich einer sozialen Schicht zugehörig fühlt: Als „armer Kerl" (17,14 f.) zählt er zu den „gemeinen Leut" (17,9); für diese Gruppe ist tugendhaftes Verhalten ein Luxus, den sie sich nicht leisten kann.

Der Hauptmann hingegen vertritt einen abstrakten, d. h. von gesellschaftlich-materiellen Bedingungen absehenden, Idealismus. Jeder kann in jeder Lage tugendhaft sein; „ein tugendhafter [...], ein guter Mensch" (17,6 f.) zu sein, ist an keine Voraussetzungen gebunden.

Die Szene zeigt **Woyzeck in seiner Abhängigkeit von den Repräsentanten des gesellschaftlichen Systems**, das hier durch den Hauptmann verkörpert wird. Dieser gibt sich zwar umgänglich, betreibt aber nur vordergründig Kommunikation und lässt jede Bereitschaft vermissen, sein Gegenüber zu verstehen. Dessen Probleme werden durch Abwehrstrategien – das Bestehen auf gesellschaftlichen Rollenrestriktionen oder einen schwammigen Harmonisierungsgestus – neutralisiert. Das Gespräch ist für den Hauptmann eine Gelegenheit zur Selbstdarstellung und Selbstbestätigung. Die Szene zeigt die völlige Verständnislosigkeit der herrschenden Schicht für die Lage derer, die in der gesellschaftlichen Hierarchie ganz unten stehen.

Die Szene **relativiert** auch die häufig vertretene **These vom „sprachlosen" Woyzeck**, der sich nicht artikulieren könne, weil sein Bewusstsein durch die ihn ausbeutende Gesellschaft deformiert sei. Der Sachverhalt der Deformation trifft sehr wohl für seine Lebenssituation zu, die durch Ausbeutung geprägt ist und ihn bis zur physischen und psychischen Erschöpfung treibt, er betrifft aber nicht ohne Weiteres seine Fähigkeit, die eigene Situation zu erkennen und zu artikulieren.

Die 19. Szene und das Märchen der Großmutter

Ihr besonderes Gewicht erhält diese Szene in zweierlei Hinsicht: **inhaltlich** durch die allegorische Erzählung der Großmutter; **handlungstechnisch**, indem Woyzeck den vorletzten Schritt in seinem Mordplan vollzieht – er holt Marie ab. Die Szene ist dreiteilig:

Teil 1: Ringelreihen

Sie beginnt mit einem harmlosen Kinderspiel, bei dem auch Marie und die Großmutter anwesend sind. Ein Mädchen singt oder spricht Verse, die zu Anfang in Verbindung zu Wetter- und Ernteprognosen stehen (32,5), dann in eine Erzählung von einem Festzug mit Musikbegleitung übergehen (32,8–11), jedoch Fragment bleiben, da das Kind von einem anderen unterbrochen wird (32,12). Ein Streit scheint unter den Kindern auszubrechen (32,13–18), der mit der Aufforderung an Marie endet, etwas vorzusingen (32,19). Marie arrangiert einen Ringelreihen, bei dem sich die Kinder auf das Stichwort vom „König Herodes" (32,21) ducken müssen. Da der Großmutter das vermutlich nicht schnell genug gelingt, ist die Reihe, zu erzählen, an ihr (32,22).

Teil 2: Erzählung der Großmutter

Die Erzählung handelt von einem armen Kind, dem Vater und Mutter gestorben sind und das niemanden mehr auf der Erde hat. Daher weint es „Tag und Nacht" (32,26) und versucht es mit dem Himmel. Die Himmelskörper, die von weitem „so freundlich" aussahen (32,28), entpuppen sich aus der Nähe als Trugbilder: der Mond ist „ein Stück faul Holz", die Sonne „eine verwelkte Sonnenblume", die Sterne sind aufgespießte „kleine goldne Mücken" (39,29–31). Auch die Himmelskörper sind also „tot" (32,24 f.). So bleibt dem Kind nur die Rückkehr zur Erde. Dort haben sich die Verhältnisse inzwischen noch mehr zum Schlechten gewendet, denn sie ist nun „ein umgestürzter Hafen" (32,34;

„Hafen" = Geschirr, Topf; südhessisch auch „Nachttopf"). So bleibt das Kind in völliger Verlassenheit weinend und aller Hoffnungen beraubt zurück (33,1 f.).
Himmel und Erde erweisen sich als feindlich und abweisend. Sprachlich wird der Eindruck der Trostlosigkeit und Einsamkeit vermittelt durch Häufung von Negativpronomina („kein", „keine", „niemand": 32,23–26) und von Wörtern mit privativer (lat. *privativus*: „eine Beraubung anzeigend") Bedeutung („tot": 32,24 f.; „allein": 32,34; 33,2), die durch verstärkende Partikel („ganz": 32,34; 33,2) oder Indefinitpronomina („alles", 32,24 f.) zusätzlich gesteigert werden.

Darüber hinaus weist die kurze Erzählung inhaltlich und sprachlich **Merkmale des Märchens** auf wie die typische Eingangsformel „Es war einmal" (32,23) und die Schlussformel, die ins Präsens wechselt und das Ende der Handlung in die Gegenwart hinein verlängert (33,1 f.). Auch sonst finden sich **Merkmale schlichter, volkstümlicher Oralität**:

- Es überwiegen „und"-Parataxen: Von 17 Fällen haben 15 die Funktion der Satzeinleitung, zwei dienen zur Verknüpfung gleichartiger Satzglieder (32,24; 33,1).

- Einleitungs- und Anschlussfloskeln werden formelhaft verwendet: sechsmal „wie" (32,32), „und wie ..." (32,26) bzw. „und wie's" (32,28 und 30 sowie 31) oder „und wies" (32,33).

- Durch Wortverdoppelungen entstehen Reihungsmuster („war": 32,23 und 24; „da": 33,1; „alles tot": 32,24 und 25; „hingesetzt"/„sitzt": 33,1), häufig auch durch Aufgreifen eines Wortes aus dem vorangehenden Hauptsatz im nachfolgenden, formelhaften Nebensatz und umgekehrt („Mond": 32,27 → 28; „Sonn": 32,29 → 30; „Erd": 32,33 → 34).

- Für die grammatische Markierung von Nebensätzen steht lediglich eine Konjunktion zur Verfügung, die stereotypen Charakter trägt: das „Wie". Von den sechs oben aufgeführten

Formeln dient eine zur Einleitung eines Komparativsatzes (32,32), die übrigen fünf haben temporale Funktion, verdanken sich aber eher dem Bedürfnis nach narrativer Konstanz.

- Alle anderen Nebensätze werden als Hauptsatzreihen durch die koordinierende Konjunktion „und" eingeleitet (relativisch: 32,23; konsekutiv: 32,24 sowie 25 und 34).

- Es werden Dialektformen verwendet, die durch Apokopen (wie bei „arm Kind", „hat kein Vater": 32,23 f.) oder Vokalelision bzw. Wortkontraktion („wie's", wies") entstehen.

Sprachlich und inhaltlich lassen sich Parallelen zu drei der *Kinder- und Hausmärchen* der Brüder Grimm ausmachen:

Das **Märchen vom „Sterntaler"** hat einen ähnlichen Anfang: „Es war einmal ein kleines Mädchen, dem war Vater und Mutter gestorben, und es war so arm, dass es kein Kämmerchen mehr hatte [...] und kein Bettchen mehr [...] und endlich gar nichts mehr als die Kleider auf dem Leib und ein Stückchen Brot in der Hand [...]." Das Kind, das „gut und fromm" ist, jedoch „von aller Welt verlassen", macht sich „im Vertrauen auf den lieben Gott" auf den Weg durch die Welt und begegnet Menschen, die noch weniger haben als es selbst. Nach und nach gibt es alles weg, was es noch besitzt, bis es völlig nackt ist. Da fallen des Nachts die Sterne als „lauter harte blanke Taler" vom Himmel. Das Mädchen braucht sie nur noch aufzusammeln.

Die motivischen Parallelen liegen auf der Hand: Es geht um Armut und Verlassenheit. Während aber das Grimmsche Märchen eine moralische Lehre vermittelt – Freigebigkeit wird belohnt –, sucht man im Märchen der Großmutter die positive Moral vergebens. Das verlassene Kind wird nicht erlöst; am Ende steht es sogar noch schlechter da als am Anfang, weil es auch noch seiner Illusion beraubt ist, im Himmel wäre es besser. Im *Sterntaler* ist die Not nur ein Übergang, ein Zustand der Prüfung, der durch

die Ausübung christlicher Tugenden – hier der caritas – über-
wunden wird. Am Ende ist der materielle Lohn größer, als es das
Opfer war. Damit erweist sich die Welt als ein sinnvolles Gan-
zes; Güte wird letztendlich belohnt. Von all dem findet sich im
Märchen der Großmutter das Gegenteil: Das arme Kind ist ganz
allein und hat noch nicht einmal die Möglichkeit, Gutes oder
Böses zu tun. Ein Sinnzusammenhang ist nicht erkennbar: Erde
und Himmel sind abweisend, es ist „alles tot" (32, 24 und 25).

Ein intertextueller Bezug ergibt sich weiterhin zum **Märchen
von den „sieben Raben"**: Ein Vater schickt seine sieben Söhne
aus, damit sie für die Nottaufe seiner gerade zur Welt gekomme-
nen schwächlichen Tochter Wasser holen. Den Söhnen jedoch
fällt der Krug in den Brunnen, und sie trauen sich nicht mehr
nach Hause. Der zornige Vater verflucht seine Söhne, so dass sie
sich in Raben verwandeln. Als die Tochter herangewachsen ist,
macht sie sich auf, um ihre Brüder zu finden. Dabei gelangt sie
bis ans Ende der Welt, dann zur Sonne und zum Mond, die beide
abweisend sind. Nur die Sterne sind „freundlich und gut" und
weisen ihr den Weg zum Glasberg, wo die sieben Raben woh-
nen. Das Mädchen begibt sich dorthin und erlöst ihre Brüder.

Gemeinsam sind hier das Motiv des Suchens und das der
feindlichen Himmelskörper, aber im Unterschied zum Märchen
der Großmutter sind die Sterne dem Mädchen freundlich geson-
nen, und die Suche ist daher erfolgreich. Am Schluss werden die
Brüder vom bösen Zauber erlöst. Wiederum liegt die moralische
Nutzanwendung im Lohn der guten Tat. Die Welt erweist sich
als sinnvoll, weil das Gute siegt.

Das **Märchen vom „singenden, springenden Löweneckerchen"** (= Lerche) weist das Motiv des Weinens auf. Ein Mädchen
versucht ihren Gatten wiederzubekommen. Zunächst misslingt
dies und sie wird „traurig, g[eht] hinaus auf eine Wiese, setzt[ ]
sich da hin und weint[ ]." Am Ende gelingt es ihr jedoch, den

Gatten aus den Fängen ihrer bösen Rivalin zu befreien, und das Ehepaar lebt glücklich bis an sein Ende. Auch bei diesem Märchen ist die moralische Anwendung möglich: Treue Gattenliebe und beharrliche Suche werden belohnt.

Das Märchen der Großmutter übernimmt Motive und Erzählstrukturen aus dem Volksmärchen, versetzt diese jedoch in eine „illusionslose und entzauberte Welt" (von Wiese, S. 533) und füllt das Ganze mit einer gegenläufigen Aussage. Am Schluss gibt es keine Lösung, folglich auch keine positive Moral. Damit erweist sich die Erzählung als **Kontrafaktur des Volksmärchens**, als „**Anti-Märchen**". Zwar bedeuten die Dinge „etwas anderes, als sie scheinen", aber im Gegensatz zum Märchen bedeuten sie „nicht mehr, sondern weniger" (ebd.).

Ohne Frage steht das Märchen der Großmutter an dramaturgisch entscheidender Stelle, kurz bevor die Handlung ihre letzte Wendung zur Katastrophe nimmt. Der exponierten Stellung im Handlungsverlauf entspricht das inhaltliche Gewicht als **Allegorie der Verlassenheit**, wo Hoffnung auf Trost und Geborgenheit sich als trügerisch erweist. Dies kann in doppelter Weise verstanden werden. Im engeren Sinne als Vorausdeutung auf das Schicksal des Sohnes von Marie und Woyzeck. Auch er wird in Kürze „keinen Vater und keine Mutter" mehr haben und allein sein „auf der Welt" (32,23 ff.). In umfassenderem Sinne verweist das Märchen auf die hoffnungslose Lage der kleinen Leute, deren Fokusfigur Woyzeck ist – erbarmungslos gehetzt, physisch und psychisch ausgebeutet und vernichtet. Insofern ist das Märchen Sinnbild des Dramas *Woyzeck* als Ganzem.

Das Märchen der Großmutter enthält ferner **zentrale Wortmotive**, die sich gewebeartig durch das ganze Stück ziehen. So verweist das wiederholt vorkommende „**alles tot**" (32,24 und 25) zurück auf die 1. Szene, in der Woyzeck seine halluzinierte Welt mithilfe eines irrealen Vergleichs beschreibt („als wär die Welt tot": 9,29), und auf die 17. Szene, wo Marie ihren vergeb-

lichen Reueversuch mit genau dieser Formulierung umschreibt
(31,2). Das „arm Kind" (32,23) verweist auf einen Komplex von
Figuren: In der 5. Szene spricht Woyzeck von seinem Kind als
„arme[m] Wurm" (16,22 f.), sich selbst bezeichnet er als „arme[n]
Kerl" (17,14 f.) und klassifiziert seinen Stand als „arme Leut"
(16,29). Die gleiche Selbstbeschreibung findet sich in der 9. Szene („ich bin ein armer Teufel – und hab sonst nichts": 22,33 f.).
Marie sieht sich als „arm Weibsbild" (4. Szene: 14,21) und recht-
fertigt ihre bedingungslose Hingabe an den Genuss des Augen-
blicks damit, dass auf der „Welt [...] doch alles zum Teufel" gehe
(15,11 f.). Die **Heillosigkeit von Himmel und Erde** als Essenz
des Märchens deckt sich mit Woyzecks Situationsbeschreibung:
„Unsereins ist doch einmal unselig in der und der andern Welt"
(5. Szene: 16,32 f.).

Darüber hinaus lassen sich intertextuelle Bezüge ausmachen:
Einzelne Wortmotive sind den Märchenvorlagen der Kontrafaktur entlehnt und beziehen sich über das Märchen, das gewisser-
maßen als Schaltstelle fungiert, auf das Drama *Woyzeck*. Im
Märchen von den „sieben Raben" äußert der feindselige
Mond, als das Mädchen sich nähert: „Ich rieche, rieche Men-
schenfleisch". Diese Äußerung ist im Märchen der Großmutter
ausgespart, aber der Narr greift sie in der 22. Szene wörtlich auf
(35,29 f.). Im **Märchen vom „Löweneckerchen"** bekommt die
Tochter vom „Nachtwind" eine Nuss, die sie ins „rote Meer" werfen soll, damit ein Baum aus dem Wasser wächst, auf dem der
Greifvogel, der sie und ihren Mann in Sicherheit bringen soll,
sich ausruhen kann. Vergesse sie, dieses Mittel anzuwenden, so
werde der Vogel die beiden ins Wasser fallen lassen. Das „rote
Meer" kommt im Märchen der Großmutter nicht vor, führt aber
zum Motivkomplex „rot – Blut – Tod" von *Woyzeck*. Darauf wird
auch in der 19. Szene selbst, aber außerhalb des Märchens, mit
dem Stichwort „Herodes" angespielt, des Königs, der auf die
Nachricht von der Geburt des Messias alle Kinder Bethlehems

töten ließ. – Dem Schicksal, ins „rote Meer" zu stürzen, entgeht Woyzeck nicht, und zwar in doppelter Hinsicht: Um die Mordwaffe unauffindbar zu machen, geht er in das Wasser, wirft sie in den Teich und wäscht sich die verräterischen Blutspuren aus seiner Kleidung (25. Szene: 37,7 f.). Nach seiner Festnahme wird ihn das Schicksal der Hinrichtung erwarten. Der Narr als dunkel raunende, wahrheitsfühlige Instanz kommentiert das in der letzten Szene: „Der ist ins Wasser gefallen" (37,21–28).

Teil 3: Woyzeck holt Marie ab

Woyzeck erscheint unvermutet und fordert Marie zum Mitkommen auf. Es entspinnt sich ein **kurzer Dialog voller Zweideutigkeiten**. Woyzeck begründet seine Aufforderung mit der unvollständigen Angabe „'s ist Zeit" (33,5). Im Kontext bürgerlicher Normalität würde man das etwa so vervollständigen: „Es ist Zeit, nach Hause zu gehen, da es gleich dunkel wird." Für Woyzeck gilt aber eine andere Ergänzung: „Es ist Zeit, den Mordplan auszuführen." Genauso doppeldeutig ist Maries Frage: „Wohinaus" (33,6). Marie dürfte meinen: „Wohin soll unser Spaziergang führen?", für Woyzeck bedeutet sie: „Wohin wird Maries Seele nach ihrem Tod gelangen?" Das zeigt seine Antwort, die für Marie wie eine nichtssagende Phrase klingen muss. Nur die Notwendigkeit des gemeinsamen Aufbruchs wird von beiden empfunden.

Dieser kurze Dialog zeugt von Büchners Kunst der **Verknappung**, des Weglassens alles Überflüssigen. Das gilt auch für die Verknüpfung der drei heterogenen Szenenabschnitte: Der erste ist mit dem zweiten durch die Aufforderung an die Großmutter verknüpft, zu erzählen, was diese ohne Umschweife tut. Die Reaktion der Zuhörer auf das Märchen bleibt ausgespart; übergangslos schließt sich der dritte Abschnitt an. Mit dem plötzlichen Auftreten Woyzecks scheinen nur noch er und Marie zu existieren, die anderen Figuren sind wie weggewischt, für den Fortgang der Handlung haben sie keine Bedeutung mehr.

Editions- und Wirkungsgeschichte

Büchners *Woyzeck*-Manuskripte wurden in seinem Nachlass gefunden, jedoch sollte die erste Textausgabe fast 40 Jahre auf sich warten lassen. Zwar hatten die **Brüder** Ludwig und Alexander für eine 1850 erschienene Ausgabe der *Nachgelassenen Schriften* ihres Bruders erste Entzifferungsversuche unternommen, von einer Veröffentlichung jedoch abgesehen, da ihnen die Handschrift „durchaus unleserlich" schien und „die einzelnen Scenen [...] wenig untereinander in Zusammenhang zu bringen" waren (GBMA 7/2, S. 141).

1875 stellte die Familie Büchner dem Journalisten und Schriftsteller **Karl Emil Franzos** den gesamten Nachlass des Verstorbenen zu Editionszwecken zur Verfügung, darunter auch die Entwurfsstufen zum *Woyzeck*. Franzos veröffentlichte zunächst Auszüge aus dem Werk in der Wiener *Neuen Freien Presse*, drei Jahre später eine vollständige Textfassung unter dem Titel *Wozzeck* – wie er fälschlich den Namen der Hauptfigur entzifferte – im Berliner Journal *Mehr Licht!*. Diese Textfassung war philologisch sehr unzuverlässig, mit zahlreichen Lesefehlern behaftet und in der Szenenanordnung willkürlich. Franzos übernahm sie aber in seine Ausgabe der *Sämmtlichen Werke* Georg Büchners, die 1880 erschien. Diese Textgestalt bestimmte die Rezeption des Stückes bis in die 20er-Jahre des 20. Jahrhunderts.

Am **8. November 1913** fand die **Uraufführung** von *Wozzeck* am Residenztheater München statt. Von dort ging das Stück über andere Bühnen. Die relativ späte Wirkung erklärt sich unter anderem daraus, dass erst der Naturalismus – eine literarische Strömung, die in Deutschland seit 1890 Einfluss gewann – Büchner als Geistesverwandten entdeckt hatte. *Wozzeck* wurde von den

Naturalisten als erstes Drama der sozialen Misere betrachtet, das seinen Stoff sprachlich und inhaltlich realistisch darbietet. Auch die Expressionisten – deren Epoche datiert zwischen 1910 und 1925 – reklamierten Büchner als ihren Vorläufer. In den 1920er-Jahren wurde *Wozzeck* zum meistaufgeführten und erfolgreichsten Stück Georg Büchners.

Auf der Textfassung von Karl Emil Franzos beruht auch die **Oper** *Wozzeck* von **Alban Berg**, die im Jahre 1925 uraufgeführt wurde und ihrerseits als Schlüsselwerk der Oper im 20. Jahrhundert gilt.

Mit Kurt Meisel in der Titelrolle wurde das Stück 1947 unter der Regie von Georg C. Klaren erstmals **verfilmt**, ein zweites Mal 1978 unter der Regie von Werner Herzog mit Klaus Kinski als Woyzeck.

Das neu erwachte Interesse der Expressionisten an Büchners Stück hatte zur Folge, dass in den 1920er-Jahren Neueditionen veranstaltet wurden, die erstmals wieder auf die Hand-

Alban Bergs Oper *Wozzeck* setzt atonale Elemente und Zwölftonmusik ein, um die Dramatik von Büchners Stück zu unterstreichen. – Michaela Schuster als Marie. Inszenierung: Andreas Kriegenburg. Musikalische Leitung: Kent Nagano. Bayerische Staatsoper München 2008

schriften zurückgingen. Die erste zuverlässige Textausgabe wurde 1920 von Georg Wittkowski herausgebracht, der die richtige Lesung des Namens der Titelfigur herstellte. 1922 erschien die kritische Edition der *Sämtlichen Werke und Briefe* von Fritz Bergemann, die die Büchner-Rezeption für die folgenden Jahrzehnte bestimmte. Bergemann erkannte als Erster die verschiedenen Fassungen der Handschrift, entfernte sich jedoch in späteren Auflagen seiner Edition von der ursprünglichen und richtigen Anordnung der Szenen, in der Absicht, dem Stück „eine möglichst dramatische Form" zu geben. Seine Bühnen- und Lesefassung war bis in die 60er-Jahre des vorigen Jahrhunderts maßgebend.

Neue Standards der Wissenschaftlichkeit setzte die ab 1967 erschienene historisch-kritische Edition von Werner R. Lehmann, die jedoch unvollendet blieb. Seitdem hat sich, vor allem im Zuge der in den 70er-Jahren einsetzenden neuen Büchner-Forschung, das Verständnis des Autors und seiner Werke in ungeahntem Maße vertieft, nicht zuletzt durch Erschließung neuer Quellen und eine bis dahin nicht gekannte Gründlichkeit der Recherche. Es erschienen zahlreiche Editionen des *Woyzeck*, die in Einzelzügen voneinander abweichen. Erwähnt seien nur die *Münchner Ausgabe* von 1988 und die Edition von Henri Poschmann aus dem Jahre 1992 (siehe *Literaturverzeichnis*). 1981 wurde die erste Faksimile-Ausgabe veröffentlicht, mit Transkription und Kommentar von Gerhard Schmid, der weitere folgten.

Den derzeit letzten Stand der *Woyzeck*-Philologie repräsentiert der siebente Band der von Burghard Dedner herausgegebenen historisch-kritischen Ausgabe der *Sämtlichen Werke und Schriften*, der sogenannten Marburger Ausgabe. Auf dieser Ausgabe beruht der Text der Reclam-Ausgabe von 2005, der dieser *Interpretationshilfe* zugrunde liegt.

An der Einschätzung des *Woyzeck* als eines **Schlüsselwerks der literarischen Moderne** hat sich bis heute nichts geändert. Vor allem in seinem Fragmentcharakter, an dem die Herausgeber früherer Epochen sich störten und den sie durch ihre Bearbeitungen zu beseitigen trachteten, weist das Stück Affinitäten zur literarischen Moderne auf. Deren Infragestellung des Werkbegriffs in der Kunst scheint *Woyzeck* mit seinem – durch die verschiedenen Textschichten bedingten – gleichsam polyphonen Charakter zu entsprechen.

Literaturverzeichnis

Textausgaben des „Woyzeck"

BÜCHNER, GEORG: *Woyzeck. Leonce und Lena,*
hrsg. v. Burghard Dedner, Stuttgart: Reclam 2005 (RUB 18420)
*(Der Text beruht auf der Marburger Ausgabe und entspricht somit
dem derzeit neuesten Stand der Büchner-Philologie. Nach dieser
Ausgabe wird zitiert.)*

BÜCHNER, GEORG: *Woyzeck. Studienausgabe,*
Stuttgart: Reclam 1999
*(Die Ausgabe enthält neben einer „Lese- und Bühnenfassung" die
Transkription der Handschriften in Form eines emendierten und
differenzierten Textes sowie ein instruktives Nachwort. Die beiden
Szenen aus H3 sind nicht in die Lesefassung aufgenommen.)*
(zitiert als: Studienausgabe)

BÜCHNER, GEORG: *Woyzeck,* Marburger Ausgabe, Band 7.1: Text;
Band 7.2: Text, Editionsbericht, Quellen, Erläuterungsteile,
hrsg. von Burghard Dedner u. a. [= Georg Büchner: Sämtliche
Werke und Schriften. Historisch-kritische Ausgabe mit Quel-
lendokumentation und Kommentar. Im Auftrag der Akademie
der Wissenschaften und der Literatur, Mainz, herausgegeben
von Burghard Dedner], Darmstadt: Wissenschaftliche Buch-
gesellschaft 2005 (zitiert als: GBMA 7)

BÜCHNER, GEORG: *Woyzeck. Faksimile, Transkription,
Emendation und Lesetext,* hrsg. von Enrico De Angelis,
München: Saur [2]2002 (zitiert als: De Angelis)

Gesamtausgaben der Werke Georg Büchners

BÜCHNER, GEORG: *Werke und Briefe. Gesamtausgabe.*
Neue, durchgesehene Ausgabe, hrsg. von Fritz Bergemann.
Wiesbaden: Insel 1958

BÜCHNER, GEORG: *Werke und Briefe. Münchner Ausgabe,*
hrsg. von Karl Pörnbacher u. a. München: Hanser 1988
(Taschenbuchausgabe: München: dtv 1988, dtv 12374)
(zitiert als: MA)

BÜCHNER, GEORG: *Sämtliche Werke, Briefe und Dokumente in
zwei Bänden,* hrsg. von Henri Poschmann. Frankfurt am Main:
Deutscher Klassiker Verlag 1992 (Taschenbuchausgabe:
Frankfurt am Main: insel 2002) (zitiert als: Poschmann)

Biografien

HAUSCHILD, JAN-CHRISTOPH: *Georg Büchner. Biographie,* Berlin:
Ullstein 1997 (Ullstein-Taschenbuch 26505; überarbeitete
Ausgabe der 1993 bei Metzler in Stuttgart erschienenen Original-
ausgabe).
*(Die große Büchnerdarstellung; auf 848 Seiten werden Leben und
zeitgeschichtlicher Hintergrund ausführlich entfaltet.)*
(zitiert als: Hauschild 1997)

HAUSCHILD, JAN-CHRISTOPH: *Georg Büchner,* Reinbek: Rowohlt
1992, erweiterte Neuausgabe 2004 (rm 50670)
(Dasselbe in knapper, konzentrierter Darstellung)
(zitiert als: Hauschild 2004)

MARTIN, ARIANE: *Georg Büchner,* Stuttgart: Reclam 2007
*(Einführung in Leben und Werk, beides zu gleichen Teilen berück-
sichtigt.)*

KURZKE, HERMANN: *Georg Büchner. Geschichte eines Genies,*
München: Beck 2013
(Büchners Leben und Werk – mit neuen Perspektiven)

Ausgewählte Sekundärliteratur

DEDNER, BURGHARD u. a.: *Georg Büchner – Woyzeck* [Erläuterun-
gen und Dokumente], Stuttgart: Reclam 2000 (RUB 16013)
(Ausführliche Erklärungen zu den Realien in „Woyzeck" und reich-
haltige Materialiensammlung. Die Erläuterungen nehmen Bezug
auf die Studienausgabe.) (zitiert als: EuD)

DEDNER, BURGHARD: *Die Handlung des „Woyzeck": wechselnde*
Orte – „geschlossene Form", in: Georg Büchner Jahrbuch 7
(1988/89), S. 148–170
(Der Autor argumentiert überzeugend gegen das Theorem der tra-
ditionellen Büchner-Forschung, bei „Woyzeck" handele es sich um
ein offenes Drama.) (zitiert als: GBJb 7)

GLÜCK, ALFONS: *Der Woyzeck – Tragödie eines Paupers,* in: *Georg*
Büchner 1813–1837. Revolutionär, Dichter, Wissenschaftler
[Katalog der Ausstellung Mathildenhöhe, Darmstadt
2. August bis 27. September 1987]. Basel, Frankfurt am Main:
Stroemfeld/Roter Stern 1987, S. 325–332

KLOTZ, VOLKER: *Geschlossene und offene Form des Dramas*
[Literatur als Kunst. Eine Schriftenreihe, hrsg. v. Kurt May und
Walter Höllerer], München: Hanser 1960

ROTH, UDO: *Das Forschungsprogramm des Doktors in Georg*
Büchners „Woyzeck" unter besonderer Berücksichtigung von H2,6,
in: Georg Büchner Jahrbuch 8 (1990–94), S. 254–278
(zitiert als: GBJb 8)

Dein kostenloses
Stärkenprofil

Du wagst demnächst den Schritt in die Berufswelt, aber weißt noch nicht, was du als Stärken angeben kannst?
Mit **Aivy** findest du es auf spielerische Art heraus.

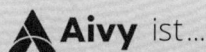 **Aivy** ist...

...für dich kostenlos.

...interaktiv und spielerisch.

...ganz auf deine Person fokussiert.

Lerne dich selbst besser kennen und

entdecke deine Berufung!

www.stark-verlag.de **STARK**

Bist du bereit für deinen Einstellungstest?

Hier kannst du testen, wie gut du in einem Einstellungstest zurechtkommen würdest.

1. **Allgemeinwissen**
Der Baustil des Kölner Doms ist dem/der … zuzuordnen.

a) Klassizismus   b) Romantizismus
c) Gotik   d) Barock

2. **Wortschatz**
Welches Wort ist das?

N O R I N E T K T A Z N O

3. **Grundrechnen**
-11 + 23 - (-1) =

a) 10   b) 11   c) 12   d) 13

4. **Zahlenreihen**
Welche Zahl ergänzt die Reihe logisch?

17 14 7 21 18 9 ?

5. **Buchstabenreihen**
Welche Auswahlmöglichkeit ergänzt die Reihe logisch?

e d f f e g g f h ? ? ?

a) h i j   b) h g i   c) f g h   d) g h i

Lösungen: 1 c; 2 Konzentration; 3 d; 4 27; 5 b

Alles zum Thema Einstellungstests findest du hier:

www.stark-verlag.de   **STARK**